Fast nichts

Rotkraut

Eckart Witzigmann und Johann Willsberger

Fast nichts

Das Fastenbuch der Großen Küche

Essays von Anselm Bilgri,
Otto Geisel, Thomas Knubben
und Wolfram Pfeiffer

Mit einer Weinauslese von Otto Geisel

edition k | **Hampp**Verlag

Fast nichts und doch so viel

Von Rainer Knubben

„In der Beschränkung zeigt sich erst der Meister", wusste Johann Wolfgang von Goethe. „Lernt den Reichtum der Schlichtheit kennen", forderte 1958 der Architekt Gerrit Rietveld, und sein Kollege Ludwig Mies van der Rohe pflichtete ihm bei: „Less is more". Keine Frage: Weglassen kann eine große Kunst sein. Ist nicht gerade der wahre Genuss die Kunst, von nichts zu viel und von allem genug zu haben?

Es ist kein Wortspiel nur und auch keine Rechenaufgabe der Mengenlehre: Fast nichts ist weniger als wenig und mehr als gar nichts. Das „Nichts" selbst lässt sich allenfalls im Unterschied zum „Etwas", erfahren. Wie wenn die kleine Ariana fragt: „Malika, Magdalena, seht Ihr noch nichts?", obwohl doch alle drei gespannt nach etwas Ausschau halten, etwas entdecken wollen. Genauso wenig können wir „alles, alles, alles" in den Blick bekommen.

Alles oder nichts? Ist´s alles, ist´s nichts? Es scheint eine geheimnisvolle Verbindung zwischen beidem zu bestehen: Absolute Gegensätze, die sich ineinander spiegeln, das jeweils andere bewusst machen, und plötzlich eins werden können. Nichts ist alles. Und daher kann auch „fast nichts" so viel sein. Wie der Hauch eines Windes über der blauen See oder ein winziges Stück Seide auf der Haut. Das schiere Nichts und doch viel genug.

Auch in der Großen Kochkunst, dem Reich der Fülle par excellence, kann „fast nichts" doch so viel sein. Das zeigen eindrucksvoll die Fastengerichte in diesem Koch-Kunst-Buch. 46 Spitzenköche haben ihre Lieblingsfastenrezepte in genussvoller Verbundenheit mit Eckart Witzigmann beigetragen. Sie geben einen Einblick in ihre Welt des Fastens, die Tage der Konzentration auf weniges Wesentliche und die Stunden des bewussten Verzichts. Mit ihren Rezepten stellen die Kochkünstler die Vielfalt und Fülle von Erfahrungen und Einsichten in die Kunst der Küche dar und zeigen, auf welch ganz unterschiedliche Weise sie der Einfachheit, Strenge und der Reduktion verpflichtet sind.

„Wenn Fasten, dann fasten, wenn Rebhuhn, dann Rebhuhn." Teresa von Àvila bringt es auf den Punkt, wie Anselm Bilgri in seinem Essay darstellt: In der Kulturgeschichte der Menschheit erscheint das Fasten als Gegensatz zum Feiern. Der Wechsel zwischen beidem strukturiert das Leben des Menschen. Er lässt das jeweils andere als richtig erfahren und lehrt, es wertzuschätzen. So hat das Fasten auch eine spirituelle Dimension. Dies zeigt sich auch daran, dass ihm in allen Weltreligionen eine wichtige Bedeutung zukommt – als Zeit der Buße, des Verzichts, des Innehaltens oder der Vorbereitung auf das Oster- und Weihnachtsfest.

Seien wir ehrlich: Ist das Fastenbrechen nicht eine der schönsten Sünden überhaupt? Sie setzt natürlich voraus, dass zuerst gefastet wurde! Beim Fasten steht für viele der Aspekt der Gesundheit im Vordergrund und insbesondere das Ziel, Körperpfunde zu verlieren. Während die religiöse Motivation eher verblasst, wird Fasten quasi als eine von vielen möglichen Diätvarianten betrachtet, die eine schnelle Gewichtsreduktion verspricht. Es stimmt wohl schon: Seit der Erfindung der Kochkunst essen die Menschen doppelt so viel wie die Natur verlangt.

Der Präventivmediziner Wolfram Pfeiffer macht in seinem Beitrag deutlich, dass totales Fasten keinesfalls ratsam ist. Viel gesünder ist es, sich bewusst zu ernähren, das reichhaltige Angebot an hochwertigen Lebensmitteln auszuschöpfen und dabei zu erfahren, dass auch etwas geringere Mengen großen Genuss bereiten können. Dann ist das zwar kein Fasten im strengen Sinn, aber ein sinnvolles Maßhalten. Genuss und Gesundheit stehen nicht im Widerspruch zueinander. Das zeigen auch die Fastengerichte der Spitzenköche in diesem Buch: Sie machen es uns leicht, uns ganzjährig sinnvoll zu ernähren und dabei dennoch zu genießen – und das ohne bitter hungernd zu fasten.

Wer durch das Fastenbuch der Großen Küche blättert, die Rezepte studiert und vielleicht auch nachkocht, wird erahnen, dass die Zukunft der Küche im Einfachen liegen kann.

Wenn sich „fast nichts" in Fülle wandelt, wird der Fasttag zum Festtag. Festzeit und Fastenzeit umarmen sich. Welch ein Fasttag! Welch ein Festtag.

Fast nichts

Inhaltsverzeicnis

Suppe

Genuss und Verantwortung

Von Otto Geisel

Unweigerlich fallen zum Thema „Genuss", neben vielen positiv-emotional besetzten Begriffen, auch Schlagworte wie „Opulenz" und „Übersättigung" oder gar „Verschwendung" und „Maßlosigkeit".

Diese Widersprüche können sich bereits dann auflösen, wenn man beginnt Geschmack und Genuss für sich zu definieren. Der Träger des Internationalen Eckart Witzigmann-Preises, Carlo Petrini, merkt hierzu an: „Es ist zu kurz gegriffen, wenn man Geschmack nur am Gaumen erfassen will." Und er führt weiter aus: „Ich will die Geschichte des Produktes und derer, die dahinter stehen, kennen!" Dass dann natürlich auch ethische Aspekte sowie die Achtung vor der Kreatur eine entscheidende Rolle bei der Geschmacks- und Genussdefinition spielen, liegt auf der Hand. – In der Wirklichkeit liegen diese Dinge aber leider zu oft in der Tonne, wie die aktuelle Diskussion um tonnenweise weggeworfene Lebensmittel zeigt.

Viele Kunstbereiche loten das Spektrum ihrer Möglichkeiten durch selbstbewusstes Weglassen, durch Konzentration auf das Wesentliche aus. Beim Essen und Trinken ist das Weglassen wohl eher aus der Not heraus geboren.

Doch auch unsere ersten Genusserlebnisse in der Kindheit, welche uns in der Regel ein ganzes Leben begleiten, sind eher einfacher als komplexer Natur.

Ob unsere „Linsen mit Spätzle" oder das analoge italienische Nationalgericht „Pasta e Fagioli", welches selbst in den Vereinigten Staaten als „Pasta Fazool" (unterstützt von Dean Martins Gassenhauer „When the stars make you drool, just like a pasta fazool, that's amore!") zu Kultstatus gekommen ist: Diese völkerverbindende Leibspeise stammt aus der Küche der armen Leute, der „Cucina Povera" und hilft den Eiweiß-Kohlenhydrate-Bedarf auf günstigste Weise abzudecken.

Heißt das, dass „fast nichts" kein Ansatz für die Große Küche ist, die sich doch noch häufig an der „Haute Cuisine" der französischen Grande Nation orientiert?

Das westdeutsche Wirtschaftswunder erinnert im kulinarischen Kontext immer noch an das märchenhafte Schlaraffenland, in welchem einem gebratene Tauben ins Maul fliegen: Jede noch so ausgefallene Spezialität soll beliebig oft und ohne saisonale Begrenzung zur Verfügung stehen – wie auch immer produziert.

Die aufgetürmten, nicht unbedingt wohlkomponierten Teller bei der Schlacht um das Kalte Buffet waren das geschmacklose Symbol. Erdbeeren und Tomaten hatten keine Saison mehr und verloren fast über Nacht in den Supermarkt-Regalen ihre Süße und Einzigartigkeit. Omnipräsente Honigmelonen mutierten zu gurkenähnlichem Gemüse. Alles war und ist immer verfügbar und wurde, wen wundert es, auch immer billiger und damit wertloser. Inzwischen ist in unserem Sprachgebrauch das Wort „Discounter" das zeitgemäß-gebräuchliche Synonym für „Lebensmittelhandel".

Auch wenn seit dem Mauerfall nahezu ein Vierteljahrhundert vergangen ist, die Auswirkungen der politischen Unkultur in vielen osteuropäischen Regionen sind noch heute spürbar. Gleichwohl kommt es dort zu ähnlichen Verwerfungen wie im Westen. Die politisch, wie von Versorgungsengpässen malträtierten Menschen mussten sich fast zwangsläufig zu „Genusszweiflern" entwickeln. Eine im Einklang mit Mensch und Natur stehende, fröhliche wie verantwortliche Genusskultur ist bis heute nur selten im gesellschaftlichen Bewusstsein angekommen.

Beide Ströme, sowohl der aus Milch und Honig wie der aus dem kommunistischen Einheitssaucenteich, tragen das Verlangen nach immer verfügbaren Lebensmitteln mit dem Bild von prall gefüllten Regalwänden mit sich. Dass nahezu die Hälfte dieser Mittel zum Leben heute in der Tonne landen, kann eigentlich nur mit einer Vogel-Strauß-Haltung erklärt werden, nicht aber mit gutem Geschmack und Lebensart, welche Rücksicht auf Ressourcen, Umwelt und Umfeld nimmt.

Hier stellt sich nun die große Herausforderung, allen voran an die Genießer und Spitzenköche, denen es obliegt dem „Fast nichts" wieder seinen angestammten Platz in der kulinarischen Welt zurückzugeben und damit Leuchttürme zu schaffen, die weithin sichtbar sind.

Die Ansätze hierfür können ganz unterschiedlich sein, wie zum Beispiel das Rückbesinnen auf den Reichtum der „Arme-Leute-Küche". Damit ginge einher, dass das Resteverwerten keinen Tabubruch mehr für die „gute Küche" darstellt.

Das kluge Reduzieren auf das Wesentliche – ob wirtschaftlich oder intellektuell-kreativ begründet – geht Hand in Hand mit ursprünglichen, unverwechselbaren Geschmackserlebnissen, deren natürliche Empfindung in uns allen angelegt ist. Es kann uns und unseren Kindern helfen, geschmackssicherer zu werden und „natürlich" von „unnatürlich" zu unterscheiden.

Die Absurdität von Lebensmittel-Zusatzkennzeichnungen, wie „naturidentische Aromastoffe", deren Herkunft niemals in der Natur, wohl aber im Chemiekasten zu suchen ist, würde sich dann wie von selbst erklären.

Die hier in diesem Buch vorgestellten Rezepte bilden die unterschiedlichen, aber immer richtungsweisenden Ansätze ganz hervorragend ab. Ob Kindheitserinnerung, klug-reduzierte Kreation oder Zitat aus der „Cucina Povera": Die Gerichte sind allesamt großartige Beispiele einer zeitgemäßen Küche, zubereitet von großen Köchen mit allergrößtem Verantwortungsbewusstsein.

In diesem Sinne ist auch die begleitende Weinauslese gedacht: Hie und da ein rares Gewächs, aber im wesentlichen eine selbstbewusste Auswahl an „einfachen" Alltagsweinen, wie der köstliche Gutedel, der zu Unrecht vielgeschmähte, aber filigrane Müller-Thurgau oder auch der zartwürzige Trollinger.

Sie alle sind wunderbare Essensbegleiter dieser feinen, liebevoll komponierten Gerichte. Mögen beide in ihrer Fülle und Vielfalt eine zeitgemäße Antwort auf Verschwendung und den heute schon nicht mehr vertretbaren und auch bald kaum mehr tragbaren Überfluss sein.

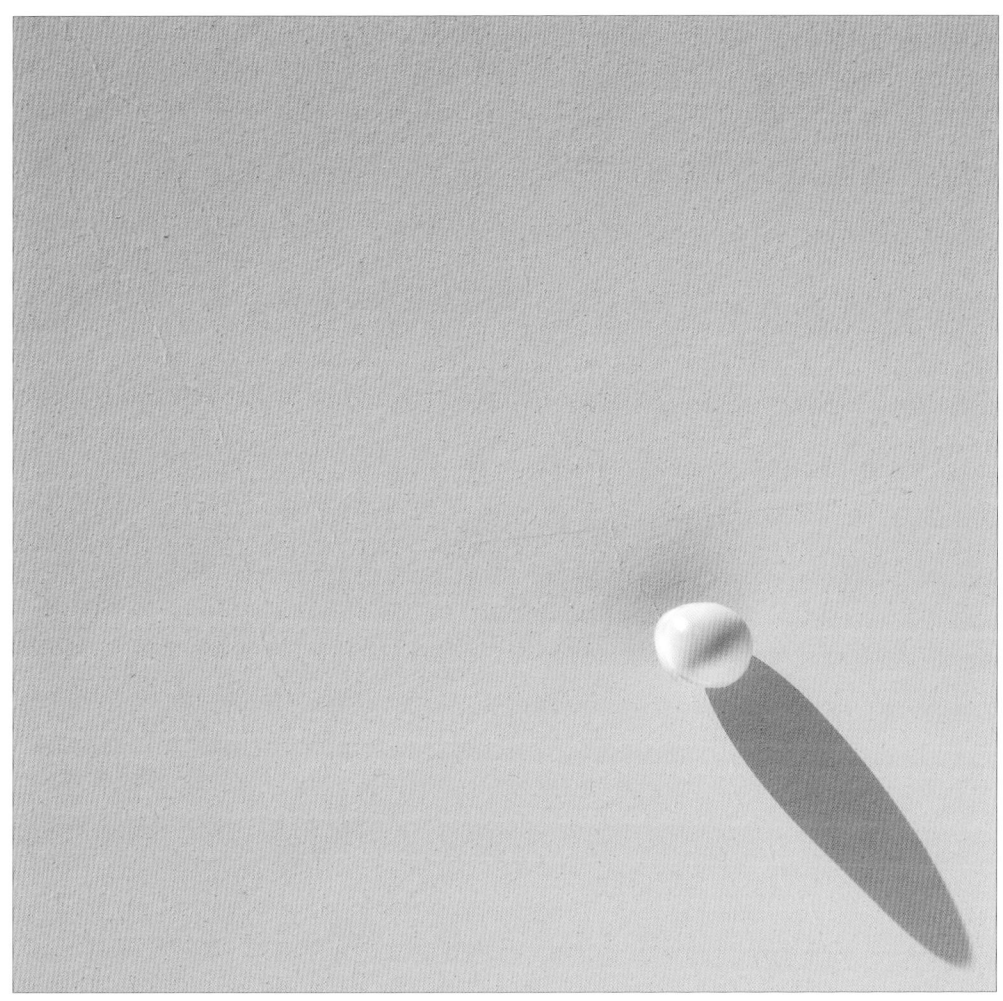

Erbse

Fasten kann zum Urquell des Lebens führen

Von Anselm Bilgri

In der Kulturgeschichte der Menschheit erscheint das Fasten als Gegensatz zum Feiern. Der Wechsel zwischen beidem strukturiert das Leben des Menschen. Er lässt das jeweils andere als richtig erfahren und lehrt, es wertzuschätzen. Von der strengen Ordensreformatorin Teresa von Àvila wird das überraschende Bonmot überliefert: „Wenn Fasten, dann fasten, wenn Rebhuhn, dann Rebhuhn."

Die Religionsgeschichte kennt viele Formen und Motive des Fastens. Aus kultischen oder religiösen Gründen wird ganz oder teilweise auf flüssige oder feste Nahrung verzichtet. Fasten kann mehrere Funktionen erfüllen: Zeichen der Buße, Sühneleistung für eine begangene Tat, Opfer zur Versöhnung der Gottheit oder Vorbereitung auf magische, kultische oder religiöse Handlungen.

Letzteres verweist auf den eigentlichen Ursprung des Fastens, der im kulturellen Gedächtnis der Menschheit immer gespeichert war: Die unbekannten Kräfte, die im Essen und Trinken verborgen waren, sollten durch das Fasten gebannt werden. Es diente letztlich zur Abwehr von Mächten, die den Menschen beeinflussen.

Die Bibel schätzt die Speisen und Getränke als Geschenke Gottes. So ist in den Psalmen die Rede vom Brot, das das Menschenherz stärkt, und vom Wein, der das Herz des Menschen erfreut. Beide Grundelemente der menschlichen Nahrungs- und Feierkultur werden gemäß dem Auftrag Jesu auch bei der Eucharistiefeier der Christen verwendet. Fasten geschieht nicht, weil die Gaben Gottes oder das menschliche Leben – seine Freuden, seine Sinnhaftigkeit oder seine Leiblichkeit – gering geschätzt würden.

Die Propheten des Alten Testaments geißeln eine zunehmende Veräußerlichung des Tempelkultes und damit der Fasten-Praxis: Gott achtet nicht darauf, ob jemand in Sack und Asche sein Fasten zur Schau stellt, sondern ob er im Zusammenleben Gerechtigkeit übt.

Diese Mahnung zu aufrichtiger innerlicher Haltung anstelle von bloß äußerlichem Tun, das auf

Lob und Anerkennung erpicht ist, kennzeichnet auch die Stellung Jesu zum Fasten seiner jüdischen Umwelt. Von Jesus wird berichtet, dass er sich mit einem 40tägigen Fasten auf sein öffentliches Wirken vorbereitet hat. Andererseits spricht er selbst davon, dass seine Zeitgenossen ihn als „Fresser und Säufer" verunglimpften, wohl weil er von seinen Anhängern das Fasten nicht einforderte. Die schönsten gleichnishaften Geschichten zeigen ihn bei Festmählern im Kreis seiner Freunde. Auch vergleicht er das Gottesreich mit einem himmlischen Hochzeitsmahl.

In der Geschichte des Christentums kam es dann zu einer erneuten Betonung des Fastens in Verbindung mit Fleischabstinenz. Vor allem am Freitag, dem wöchentlich erinnerten Todestag Jesu, wurde der Fleischgenuss verboten. Das Mittelalter sah das Fasten – neben anderen frommen Werken – als eine Vorbedingung für die Erlangung des ewigen Heiles an. Dieses Kirchengebot wurde von Martin Luther und den anderen Reformatoren abgelehnt, wiewohl es als freiwillige Übung beibehalten werden konn-

te. Bei den Katholiken hingegen wurde es betont. Gleichzeitig wurden viele Ausnahmen erfunden, beispielsweise das Essen am „fremden Tisch", und auch trickreiche Umgehungen, wie etwa das Verstecken des Schinkens im Brotteig oder das Starkbier als „flüssiges Brot". Um diese Sinn verzerrende Praxis zu beenden, sind heute die Fasten- und Abstinenzvorschriften für die katholische Kirche gestrafft und vereinfacht worden. Es gibt nur noch zwei Fasttage: Aschermittwoch und Karfreitag. Für diese Tage wird eine nur einmalige Sättigung empfohlen. Das Abstinenzgebot für alle Freitage des Jahres ist umgewandelt worden in eine Wahlmöglichkeit zwischen Fleischverzicht, einem anderen Zeichen des Verzichtes oder auch Werken der Nächstenliebe oder Frömmigkeit.

Seitdem in unseren Gesellschaften viele Muslime leben, wächst auch das Interesse für deren Fasten-Praxis. Im Islam gibt es den Fastenmonat Ramadan. Er ist der neunte Monat des islamischen Kalenders. Nach der Überlieferung wurde in diesem Monat der Koran gesandt. Dies soll durch das Fasten gewürdigt werden.

Das Fasten ist eine der fünf Säulen des Islam (neben dem Glaubensbekenntnis, dem täglichen, fünfmaligen Gebet, dem Geben von Almosen und der Wallfahrt nach Mekka). Da das islamische Mondjahr kürzer ist als das Sonnenjahr mit 365 Tagen, wandert der Ramadan in 33 Jahren einmal durch das Kalenderjahr. Im Koran heißt es: „Es ist euch erlaubt, zur Fastenzeit bei Nacht mit euren Frauen Umgang zu pflegen. […] Esst und trinkt, bis ihr in der Morgendämmerung einen weißen von einem schwarzen Faden unterscheiden könnt. Hierauf haltet das Fasten bis zur Nacht!"

Die Praxis des religiösen Fastens hat in unseren mitteleuropäischen Gesellschaften mit der zunehmenden Säkularisierung des Lebens abgenommen. Dafür haben die Gesundheits-, Friedens-, Ökologie- und Meditationsbewegungen die positiven Seiten des Fastens für Leib und Seele entdeckt.

Von 1920 an hat Otto Buchinger das Konzept des Heilfastens entwickelt. Die medizinischen Vorgänge sind evident: Fasten führt zu Entwässerung des Körpers, zu Abbau von Fett und zur Regeneration von Körperzellen.

Meditatives Fasten will durch Konfrontation mit dem eigenen Ich offen machen für die Begegnung mit dem Transzendenten. Fasten kann zu einem inneren Weg führen, einem Weg jenseits von Abhängigkeiten und Zwängen, auf dem der Fastende sich selbst, Mitmenschen und dem Urquell des Lebens näher kommt.

Fasten kann heute auch zum Nachdenken über unser Konsumverhalten beim Lebensmitteleinkauf, zur Besinnung auf gesundheitsbewusste, leichte, dabei doch schmackhafte und nahrhafte Speisen und deren Zubereitung anregen.

Cherimoya

Knäcke

Tomaten-Oliven-Ravioli

Ferran Adrià

Rezept für 4 Personen

4 g Agar von „Texturas Albert & Ferran Adrià"
1,3 g Gellan von „Texturas Albert &
*   Ferran Adrià"*
500 ml lauwarmes Wasser
Tomaten-Concassé
schwarze Olivenpaste

Agar und Gellan im Wasser auflösen. Die Mischung unter ständigem Rühren aufkochen lassen. Sofort vom Herd nehmen. Den Schaum von der Oberfläche abschöpfen. Dann die heiße Gelatine 0,5 mm dick auf Backbleche ausgießen und 1 Stunde im Kühlschrank fest werden lassen.

Aus den Gelatineplatten runde Ravioli-Hüllen ausstechen. Jeweils etwas von der Tomaten-Concassé und ein bisschen Olivenpaste in die Mitte geben. Die Gelatine-Hüllen zusammenklappen und auf Tellern schön anrichten.

2011 Trollinger „Alte Reben", Rainer Schnaitmann, Fellbach

Schnelle Suppe

Andoni Luis Aduriz

Rezept für 4 Personen

50 g MUGARITZ Bulgur
50 g MUGARITZ Linum (Leinsamen)
50 g Sesamsamen
verschiedene frische Gartenkräuter
Brühe
Pfeffer nach Belieben

Bulgur, Leinsamen und Sesam in separaten Pfannen anbraten, bis sie ein angenehmes Röstaroma verströmen. Die Samen in einem heißen Mörser zerstoßen, damit sie ihr volles Aroma freigeben. Frische Kräuter hinzufügen und mit herzhafter Brühe übergießen. Die Suppe im Mörser servieren.

Bulgur ist eine Getreidesorte mit sehr niedrigem glykämischem Index und wird daher entsprechend langsam verstoffwechselt.

Leinsamen regen die Verdauung an und enthalten zudem viele ernährungsphysiologisch wertvolle Omega-3-Fettsäuren.

2011 Spätburgunder Weißherbst trocken, Drautz-Able, Heilbronn

21

Bonito im Fegefeuer

Elena und Juan Mari Arzak

Rezept für 4 Personen

Für die Sauce:
1 Tomate, etwas Olivenöl
60 g Haut mit Schuppen vom Bonito
*   (schwarz)*
200 ml Olivenöl (mild, 0,4% Säure)
2 Schalotten, fein geschnitten
30 g geriebenes Brot
70 g geröstete Mandeln
20 g Aceto Balsamico di Modena
Zucker
Salz

Für den Bonito:
600 g Bonito-Filet (4 Filets à 150 g)
Ingwerpulver
Salz

Für das Pfefferöl:
60 g Olivenöl (mild, 0,4% Säure)
10 g rote Pfefferkörner

Für die Sauce die Tomate in kleine Stücke schneiden und in einer Pfanne mit etwas Olivenöl erhitzen. Bonito-Haut und Schuppen in 100 ml Olivenöl anbraten, bis sie knusprig sind. Tomaten, Bonito-Haut, 100 ml Olivenöl sowie alle weiteren Saucen-Zutaten vermischen, pürieren und durchsieben. Abschließend würzen.

Die Bonito-Filets so schneiden, dass jeweils zwei Rechtecke, von denen eines etwas größer als das andere ist, entstehen. Die Filetstücke ca. 4 Minuten im Räucherofen leicht anräuchern. Salzen, eine Seite mit etwas Ingwerpulver und Sauce einreiben und ganz kurz anbraten.

Zum Anrichten je zwei Bonito-Rechtecke in der Mitte der Teller aufstellen. Um die Filets mit der Sauce Kreise zeichnen. Mit etwas Pfefferöl beträufeln.

2011 Riesling „Rebhuhn", Gert Aldinger, Fellbach

Roh marinierter Saibling mit geeister Gurken-Dill-Vinaigrette

Hans Jörg Bachmeier

Rezept für 4 Personen

1 Saibling (ca. 800 g)
Weißweinessig, 1 Zitrone
2 mittelgroße Salatgurken
Olivenöl
1 Bund Dill
2 mittelgroße, vorwiegend festkochende
    Kartoffeln
Pflanzenöl zum Frittieren
200 ml Sauerrahm, Saiblingskaviar
Zucker, Salz, Cayennepfeffer

Den Saibling vom Fischhändler zerlegen und komplett entgräten lassen. In feine Scheiben schneiden und mit Weißweinessig, Zitronensaft, Salz und Zucker marinieren.

Gurken waschen, der Länge nach halbieren und die Kerne mit einem Löffel herauskratzen. Eine Gurke mit Salz und Zucker in einem Mixer ca. 10 Minuten fein pürieren. Olivenöl hinzugeben und mit dem Weißweinessig und Cayennepfeffer abschmecken. Bei Bedarf auch noch mit Salz und Zucker nachwürzen. Die zweite Gurke in feine Würfel schneiden und kurz blanchieren, dann eiskalt abschrecken und in das Gurkenpüree geben. Den Dill grob hacken und ebenfalls in die Vinaigrette-Mischung geben. Auf Eis im Kühlschrank kalt stellen.

Die Kartoffeln schälen und mit einer Reibe in feine Fädchen reiben. Pflanzenöl auf ca. 180 °C erhitzen. Das Kartoffelstroh darin goldgelb frittieren. Auf einem Küchenkrepp abtropfen lassen und leicht salzen.

Den Saibling auf einem Teller anrichten und mit der Gurken-Dill-Vinaigrette überziehen. Den Sauerrahm glatt rühren und locker darüber tropfen lassen. Mit Saiblingskaviar garnieren. Das Kartoffelstroh großzügig über dem Saibling verteilen.

2011 Gutedel „Maltesergarten", Martin Waßmer, Bad Krozingen-Schlatt

Gebratene Blutwurst „Himmel und Erde" mit Kartoffelbrei und Apfelmus

Boris Benecke

Rezept für 4 Personen

500 g mehlig kochende Kartoffeln
200 ml Milch
170 g Butter
4 Äpfel der Sorte „Golden Delicious"
150 ml Weißwein
70 g Zucker
480 g Blutwurst
Mehl
Butterschmalz
Salz, Muskat

Die Kartoffeln schälen, in Stücke schneiden und in gut gesalzenem Wasser aufkochen. Etwa 15 Minuten leicht köcheln lassen. Wenn die Kartoffeln gar sind, das Wasser abgießen. Die Kartoffeln im Topf auf der noch warmen Herdplatte ausdämpfen lassen. Die Milch aufkochen. Die Kartoffeln durch eine Kartoffelpresse drücken und mit der heißen Milch und 100 g Butter langsam verrühren.

Mit Salz und Muskat abschmecken. Das fertige Püree warm halten.

Die Äpfel schälen, entkernen und klein schneiden. Die Apfelstückchen mit dem Weißwein und dem Zucker in einen Topf geben. Auf dem Herd so lange kochen lassen, bis die Flüssigkeit verdampft ist. Das Apfelpüree nun mit 50 g Butter und einer Prise Salz in einem Mixer fein pürieren. Die restlichen 20 g Butter in einem Topf hellbraun rösten und zum Apfelpüree geben. Alles nochmals mixen, dann kalt stellen.

Die Blutwurst in 8 gleich große Scheiben schneiden und in Mehl wenden. Butterschmalz erhitzen und die Blutwurstscheiben darin langsam knusprig braten.

Den heißen Kartoffelbrei auf Tellern anrichten und die Blutwurst darauf legen. Das gut gekühlte Apfelmus dazugeben und servieren.

2010 Zweigelt „H", Jürgen Ellwanger, Winterbach im Remstal

Kiwi

Ceviche mit Jakobsmuscheln und Austern

Daniel Boulud

Rezept für 4 Personen

2 ungespritzte Limetten
4 frische große Tiefsee-Jakobsmuscheln
*   oder andere frische Meeresmuscheln*
2 TL fein geriebener Meerrettich
3 Spritzer Tabasco
Fleur de Sel oder leicht zerdrücktes
*   grobkörniges Salz*
16 Austern der Sorte „Blue Point" oder
*   andere mittelsalzige Austern*
fein geschnittene Blätter aus der Mitte
*   einer Selleriestange*
1–2 kleine Radieschen
1 EL Schnittlauch, fein gehackt
ca. 60 g Sevruga- oder Ossietra-Kaviar
weißer Pfeffer aus der Mühle
mit Butter bestrichene Pumpernickel-Scheiben

4 kleine Schalen, in denen das Gericht serviert werden soll, kalt stellen. Eine Limette auspressen und den Saft durchsieben. Von der zweiten Limette Zesten abziehen und zur Seite stellen. Mit einem kleinen Messer die weiße Limettenschale komplett entfernen. 8 Segmente der Limette – nur das Fruchtfleisch ohne die umhüllenden Fruchthäutchen – in kleine Würfel schneiden.

Die Jakobsmuscheln quer mit einem scharfen, dünnen Messer jeweils in 5 bis 6 Scheiben schneiden. 1 TL Limettensaft, die Zesten, den geriebenen Meerrettich und Tabasco in einer kleinen Schale verrühren. Die Jakobsmuschel-Scheiben hineingeben und sanft darin wenden. Sobald sie angefeuchtet sind, kreisförmig überlappend auf den Boden der gekühlten Schälchen legen. Mit Fleur de Sel oder anderem grobkörnigem Salz bestreuen.

Kohlrabi- und Karottenstreifen mit Sesam und roher Renke

Karl Ederer

Rezept für 2 Personen

1 Kohlrabi (400 g)
1 Karotte (100 g)
1 Renke (300–400 g; alternativ:
*   geräucherter Saibling oder Forelle)*
1 Zitrone
6 cl Rapsöl
1 EL Sesam
Schnittlauchhalme oder frischer Koriander
Salz und Pfeffer aus der Mühle

Den Kohlrabi und die Karotte schälen. Beides mit einem Hobel oder einem Streifenschneider in feine lange Streifen bringen. Diese in eine Schüssel geben, salzen und pfeffern, dann marinieren lassen.

Die Renke filetieren, entgräten und häuten. In ca. 1 cm große Würfel schneiden. Sie werden auf die Gemüsestreifen gelegt.

Die Zitrone auspressen. Den Saft mit Öl verrühren und über das Gemüse und den rohen Fisch geben. Alles vermengen und ziehen lassen.

Den Sesam in einer kleinen Pfanne mit Deckel vorsichtig bräunen. Danach über den Salat streuen.

Alles nochmals durchmischen und schön auf zwei Tellern anrichten. Mit Schnittlauch oder Koriander bestreuen. Die Schnittlauchhalme hierzu gleichmäßig in 1 cm lange Röhrchen schneiden. Den Koriander in kleine Stücke zupfen. Nicht zu viel Koriander verwenden, da er sehr intensiv schmeckt. Zu diesem Salat passt getoastetes Vollkornbrot sehr gut.

2011 Weißburgunder, Fritz Waßmer, Bad Krozingen-Schlatt

Lachsforelle mit Buttermilch und Apfel-Avocado-Ragout

Martin Fauster

Rezept für 4 Personen

Für die Lachsforelle:

600 g Lachsforellenfilets ohne Haut
Salz
Pfeffer
Olivenöl

Für die Buttermilch-Marinade:

200 ml Buttermilch
3 EL Holunderblütenöl
1 Limette
Cayennepfeffer
Salz

Für das Avocado-Apfel-Ragout:

1 Avocado
1 Apfel der Sorte „Granny Smith"
1 Limette
Cayennepfeffer
Salz
Holunderblütenöl

Die Lachsforellenfilets mit Salz und Pfeffer würzen, auf ein mit Olivenöl ausgestrichenes Backblech legen und mit Alufolie abdecken. Im vorgeheizten Backofen bei 70 °C etwa 15 Minuten garen.

Für die Buttermilch-Marinade Buttermilch mit Holunderblütenöl, Limettensaft, Cayennepfeffer und Salz abschmecken.

Die Avocado schälen, halbieren, den Stein entfernen und das Fruchtfleisch würfeln. Den Apfel schälen, entkernen und in kleine Würfel schneiden. Apfel- und Avocadostücke vermischen und mit Limettensaft, Cayennepfeffer und Salz sowie Holunderblütenöl abschmecken.

Die Lachsforellenfilets in lauwarme tiefe Teller setzen, das Apfel-Avocado-Ragout darauf verteilen und die Buttermilch-Marinade angießen.

2011 Cabernet blanc, Kabinett trocken, Hartmann Dippon, Hohenbeilstein

Tatar vom gebeizten Saibling mit Spargelsalat

Karl-Josef Fuchs

Rezept für 4 Personen

Für das Tatar:
500 g Saiblingsfilet
25 g Salz
15 g Zucker
5 g Pfeffer
2 EL Dill, gehackt

Für den Spargelsalat:
16 Stangen weißer Spargel
16 Stangen grüner Spargel
Butter
100 ml Walnussöl
150 ml Balsamessig
100 ml Fleischbrühe
200 g Salate der Saison
Salz, Pfeffer
frische Kräuter

Den vom Fischhändler filierten Saibling mit der Hautseite nach unten in eine tiefe Platte legen. Mit Salz, Zucker, Pfeffer und Dill einbeizen. 24 Stunden in den Kühlschrank stellen. Danach die Saiblingshaut abziehen. Die Filets in kleine Würfel schneiden, bei Bedarf nachwürzen. Mit einem Löffel zu Nocken abdrehen.

Die Spargelstangen in leichtem Salzwasser mit etwas Butter ca. 8 Minuten kochen, dann 5 Minuten gar ziehen lassen. Herausnehmen und die Spargelspitzen ca. 5 cm lang abschneiden. Den Rest des Spargels in kleine Stücke schneiden. Mit einer Vinaigrette aus Walnussöl, Balsamessig, Fleischbrühe, Salz und Pfeffer marinieren.

Den Salat und die Spargelstücke in der Mitte des Tellers anrichten, die Spargelspitzen und die Saiblingsnocken herumlegen. Mit frischen Kräutern dekorieren.

2011 Glottertäler Weißherbst Kabinett trocken, Konrad Salwey, Oberrotweil am Kaiserstuhl

Kabeljau mit Artischocken

Cesare Giaccone

Rezept für 4 Personen

4 Artischocken
natives Olivenöl extra
Knoblauch
Petersilie
Peperoni
1 Glas Weißwein (Arneis)
1 Glas Quellwasser
300 g getrockneter Kabeljau (Klippfisch),
*   gewässert und entsalzt*
Salz
1 Tomate
Salbei
Rosmarin

Die Artischocken putzen, die harten Blätter entfernen, die anderen Blätter um etwa ein Drittel ihrer Länge kürzen. Die Artischocken dann – je nach Größe – achteln oder vierteln und das Heu entfernen. Die Artischockenstücke in in einem Topf in Olivenöl anbraten. Knoblauch, Petersilie und klein gehackte Peperoni zugeben. Alles mit einem Glas Weißwein und einem Glas Quellwasser ablöschen. 15 Minuten bei mittlerer Hitze kochen lassen.

In einer heißen Pfanne den Kabeljau (gewässert und entsalzt) zusammen mit etwas Olivenöl und einer Prise Salz andünsten. Die Artischocken zugeben und alles 5–10 Minuten kochen lassen.

Anrichten und mit Tomatenstückchen, Salbei und Rosmarin nach Geschmack garnieren.

2011 Auxerrois, Familie Klumpp, Bruchsal

Wildschönauer Graukäskrapfen

Hans Haas

Rezept für 4 Personen

ca. 225 g Roggenmehl
ca. 225 g Weizenmehl
ca. 200 ml lauwarme Milch
ca. 200 g Kartoffeln
ca. 400 g Tiroler Graukäse
50 g weiche Butter
1–2 Bund Schnittlauch
Salz
weißer Pfeffer aus der Mühle
Mehl zum Ausrollen
Milch zum Bestreichen
Butterschmalz zum Frittieren

Für den Teig die beiden Mehlsorten mischen, eine kräftige Prise Salz hinzugeben und mit lauwarmer Milch anrühren. Zu einem glatten Teig verkneten, eine Rolle formen und diese in Klarsichtfolie eingewickelt etwa 1 Stunde ruhen lassen.

Für die Füllung die Kartoffeln in der Schale kochen, noch heiß schälen und leicht abgekühlt durch die Presse drücken. Den Graukäse und die Butter sorgfältig untermischen. Schnittlauchröllchen hinzufügen und alles mit Salz und Pfeffer würzen.

Die Teigrolle mit einem scharfen Messer in dünne Scheiben schneiden. Diese auf der schwach bemehlten Arbeitsfläche dünn ausrollen. Jeweils etwas von der Füllung in die Mitte geben. Die Teigränder mit Milch bestreichen und zu Krapfen zusammenfalten. Die Ränder sorgfältig andrücken.

Butterschmalz in einem Topf erhitzen und die Graukäskrapfen portionsweise darin bei 175–180 °C goldbraun ausbacken. Auf Küchenkrepp gut abfetten lassen und heiß servieren. Frische Buttermilch passt wunderbar dazu.

2011 Sauvignon „Kaiserstuhl", Familie Johner, Bischoffingen

Kartoffelsalat mit Löwenzahn und zwei Heringen

Marc Haeberlin

Rezept für 4 Personen

4 mittelgroße Kartoffeln
(z. B. der Sorte „Bintje")
200 ml Olivenöl
1 Knoblauchzehe
1 geräucherter Hering (Bückling)
1 frischer Hering
4 Eier, 3 EL Weinessig
150 g Löwenzahnblätter
1 Schalotte, 1 EL scharfer Senf
Salz, Pfeffer, Kerbelzweige

Die Kartoffeln schälen und in 1 cm große Würfel schneiden. In 100 ml Olivenöl zusammen mit der ganzen, geschälten Knoblauchzehe ungefähr 10 Minuten braten, bis die Würfel goldgelb sind. Warm halten.

Die Heringe filetieren. Die Bücklingsfilets in kleine Rauten schneiden. Die frischen Heringsfilets halbieren und 2 Minuten in der Pfanne, in der die Kartoffeln zubereitet wurden, anbraten.

Für pochierte Eier Wasser mit 1 EL Essig in einem Topf zum Sieden bringen. Die aufgeschlagenen Eier einzeln mit einer Schöpfkelle hineingleiten lassen, ohne dass sie sich berühren. 3 Minuten pochieren, abgießen und warm halten.

Löwenzahnblätter waschen und putzen. Schalotte schälen und mit Senf sowie 100 ml Olivenöl und 2 EL Essig in einen Mixer geben. Salzen und pfeffern, dann 1 Minute mixen. Den Löwenzahn mit dieser Vinaigrette vermischen. Die Bücklingsstückchen und die heißen Kartoffelwürfel unterheben.

Den Salat auf vier Teller verteilen. In die Mitte die pochierten Eier und die frischen Heringsfilets setzen. Mit ein paar Kerbelzweigen garnieren und sofort servieren.

2011 Stettener Kerner „Scheinheiliger", Hans Haidle, Kernen im Remstal

Kräuter-Ravioli gefüllt mit Topinambur auf Frühlingssalaten

Herbert Hintner

Rezept für 4 Personen

Für die Ravioli:
7 Eigelb, 1 Ei
15 g Petersilie, gehackt
20 g Thymian, gehackt
10 g Rosmarin, gehackt
175 g Mehl, Type 00
75 g Hartweizenmehl
300 g Topinambur
30 g Olivenöl
Salz, Pfeffer

Für den Salat:
Frühlingssalate
3 EL Olivenöl
1 EL Apfelessig
30 g gerösteter Sesam

Für den Ravioli-Teig das Eigelb, das ganze Ei und die gehackten Kräuter vermischen, Mehl und Hartweizenmehl zugeben. Alles gut verkneten. Den Teig vakuumieren und 3 Stunden im Kühlschrank ruhen lassen.

Für die Füllung die Topinambur in kleine Stücke schneiden und etwa 20 Minuten in Salzwasser kochen lassen. Dann aus dem Wasser nehmen und im Mixer pürieren, dabei langsam Olivenöl zugeben, bis ein homogenes Püree entsteht. Dieses salzen und pfeffern. Den Kräuterteig dünn ausrollen. Die einzelnen Ravioli ausschneiden, mit Füllung versehen und formen. Dann in einer heißen Teflonpfanne in wenig Olivenöl von unten anrösten und anschließend in kochendem Salzwasser in ca. 5 Minuten fertig garen.

Die Ravioli mit den Frühlingssalaten auf Tellern anrichten. Für das Salatdressing 3 EL Öl, 1 EL Essig und Sesam verrühren. Aufmischen, um kurzzeitig eine Emulsion von Öl und Essig zu erhalten. Ravioli und Salat damit beträufeln. Sofort servieren.

2011 „Wolke sieben", Familie Stigler, Ihringen

Ein bisschen Gemüse

Michael Hoffmann

Rezept für 4 Personen

Frisches Gemüse, beispielsweise:
Karotten
Pastinaken
Stängelkohl
Steckrübe
Stachys
Topinambur
Kürbis
Fenchel
Artischocke

Konserviertes Gemüse, beispielsweise:
fermentierter Kohlrabi
getrocknete Kohlblätter
kandierte Rote Bete
eingesalzener Rettich

Grundzutaten:
Mineralwasser
Olivenöl, Meersalz

2011 Sauvignon blanc, Schloss Ortenberg

Das frische Gemüse waschen, schälen und putzen. Nach Möglichkeit sollten alle Gemüsesorten so geschnitten werden, dass sie ihre natürliche Form bewahren.

Mineralwasser in einem Topf erhitzen. Meersalz und einen Schuss Olivenöl zugeben. Anschließend die Gemüse nach und nach in das Wasser legen und bissfest kochen. Wenn der Garpunkt erreicht ist, das Wasser abgießen und mit der verbleibenden Flüssigkeit glacieren.

Die konservierten Gemüse – je nach Sorte – erwärmen oder kalt servieren. Die verschiedenen Gemüsesorten gemeinsam auf den Tellern arrangieren.

Schwäbische Dampfnudeln mit Mispeln und Erdbeeren

Michael Kempf

Rezept für 4 Personen

Für den Hefeteig:
250 g Mehl
½ Würfel Hefe
125 ml Milch
40 g Butter
1 Ei
40 g Zucker
1 Prise Salz

Zum Backen der Dampfnudeln:
250 ml Milch
50 g Butter
50 g Zucker
Mark von ½ Vanilleschote

Weitere Zutaten:
100 g eingelegte Mispeln
    (alternativ: Aprikosen oder Pfirsiche)
100 g Erdbeeren

Die Zutaten für den Hefeteig zum Teig kneten und diesen gehen lassen. Dann Kugeln von etwa 5 cm Durchmesser formen. In einen Römertopf oder einen tiefen Topf mit gut schließendem Deckel setzen. Mit einem Tuch bedecken und an einem warmen Ort nochmals zur doppelten Größe gehen lassen.

Milch, Butter, Zucker und Vanille zum Kochen bringen. Die Flüssigkeit auf die Dampfnudeln gießen, den Topfdeckel auflegen und im vorgeheizten Backofen bei 160 °C etwa 20 Minuten backen. Kurz vor Ende der Garzeit den Deckel abnehmen und die Dampfnudeln bräunen lassen.

Die Dampfnudeln ausstechen und auf vorgewärmten Tellern anrichten. Die Mispeln würfeln und mit der Einlegeflüssigkeit marinieren. Die Erdbeeren waschen, vierteln und mit den Mispelwürfeln anrichten.

2011 Muskat-Trollinger, Hans Haidle, Kernen im Remstal

Badischer Spargel
mit geraspeltem Räucheraal

Alfred Klink

Rezept für 4 Personen

8 Stangen Spargel
etwas Butter
1 Prise Zucker
1 hart gekochtes Ei
1 Radieschen
Schnittlauch und Kerbel
Traubenkernöl
Zitrusöl
Saft von ½ Zitrone
1 Kartoffel
Öl
Räucheraal
Forellenkaviar
Salz, Pfeffer

Den Spargel schälen, die Enden abschneiden. Die Stangen in leicht gesalzenem Wasser mit etwas Butter und einer Prise Zucker bissfest kochen. Dann herausnehmen, auf Küchenkrepp trocknen und etwas abkühlen lassen.

Für eine Marinade das gekochte Ei schälen und fein hacken, das Radieschen fein würfeln, Schnittlauch und Kerbel hacken. Diese Zutaten mit Traubenkern- und Zitrusöl sowie Zitronensaft mischen. Den Spargel in 3 bis 4 cm große Stücke schneiden und in die Marinade legen.

Eine Kartoffel in sehr kleine Würfel schneiden und in heißem Öl ausbacken. Die marinierten Spargelstücke aufrecht in tiefe Teller setzen und mit der noch warmen Marinade überziehen. Den Räucheraal darüber raspeln, Forellenkaviar dazugeben und mit krossen Kartoffelwürfeln bestreuen.

2011 Auxerrois Kabinett trocken, Bernhard Huber, Malterdingen

Spargel

Forellenspatzen mit Alblinsen

Vincent Klink

Rezept für 4 Personen

Für die Forellenspatzen:

4 Räucherforellenfilets ohne Haut und
    Gräten à 75 g
4 Eier, 150 g Mehl
etwas Salz, weißer Pfeffer
40 g Butter

Für die Alblinsen:

80 g schwarze Linsen (Alblinsen),
    über Nacht eingeweicht
50 g Kartoffeln, 30 g Karotten
30 g Lauch, 1 Knoblauchzehe
1 Zwiebel, 40 g Speckwürfel
2 EL Olivenöl, 1 EL Tomatenmark, 1 EL Essig
Sardelle, Kapern
ca. 200 ml Gemüsebrühe
Essiggurke
etwas Salz, Pfeffer, Zucker
1 Msp. scharfer Senf
1 Msp. abgeriebene Orangenschale

Für die Rieslingsauce:

2 Schalotten, 1 EL Butter
150 ml Riesling
70 ml trockener Wermut
400 ml Fischfond, 200 ml Sahne
etwas Salz, weißer Pfeffer
1 Spritzer Zitronensaft
1 EL Sahne, geschlagen

Die Linsen über Nacht in reichlich Wasser einweichen. 2 Forellenfilets grob zerteilen und in einen Mixbecher geben. Eier aufschlagen und hinzufügen. Alles fein mixen und durch ein Sieb passieren, damit keine Gräten in der Masse bleiben. Das Mehl untermengen, dabei den Teig kräftig durchschlagen, bis er glatt ist und Blasen wirft. Mit Salz und weißem Pfeffer abschmecken und zugedeckt ca. 20 Minuten ruhen lassen.

Für die Alblinsen Kartoffel und Karotte schälen und würfeln. Den Lauch putzen, waschen und ebenfalls würfeln. Die Knoblauchzehe schälen. Die Zwiebel schälen und würfeln. Zwiebel- und Speckstückchen in Olivenöl anschwitzen. Die abgetropften Linsen und Tomatenmark zugeben und leicht rösten. Mit Essig ablöschen und diesen einkochen lassen. Sardelle, Kapern und Knoblauch zugeben und mit Brühe auffüllen. Kartoffeln, Karotten, Lauch und Essiggurke zugeben. Alles kochen, bis die Linsen und das Gemüse weich sind und die Flüssigkeit fast verdunstet ist. Mit Salz, Pfeffer und einer Prise Zucker würzen und mit Senf und Orangenschale verfeinern.

In einem Topf reichlich Wasser zum Kochen bringen und Salz hinzufügen. Die Teigmasse für die Forellenspatzen mit einem Knöpflehobel in das kochende Wasser hobeln oder besser noch grob vom Brett schaben. Wenn die Spatzen gar sind, steigen sie nach oben. Die Spätzle mit einem Sieblöffel herausnehmen und kurz in kaltes Wasser tauchen. Das

Ganze so lange wiederholen, bis der Teig aufgebraucht ist. Kurz vor dem Servieren 40 g Butter in einer Pfanne bräunen und die Spätzle darin schwenken.

Für die Rieslingsauce die Schalotten schälen, fein schneiden und in einem Topf mit Butter anschwitzen. Mit Weißwein und Wermut ablöschen. Die Flüssigkeit um etwa die Hälfte einkochen lassen. Den Fischfond zugeben und wieder um die Hälfte einkochen. Dann Sahne zugeben und einkochen, bis die gewünschte Saucenbindung erreicht ist. Mit Salz, weißem Pfeffer und Zitronensaft abschmecken. Kurz vor dem Servieren die Sauce mit dem Stabmixer aufschäumen und 1 EL geschlagene Sahne unterarbeiten.

Die Spätzle auf den Tellern verteilen. Darauf die Linsen geben und darauf je ein Stück Räucherforelle legen.

2011 Trollinger „Feldhase", Gert Aldinger, Fellbach

Artischockeneintopf

Ralph Knebel

Rezept für 4 Personen

Für den Sud:

*500 g Blätter von 8 Artischocken
   (Prince de Bretagne)
150 ml Olivenöl
160 g Karottenscheiben
210 g Schalotten, geschält
45 g Knoblauch mit Schale
75 g Petersilie (mit Stiel)
5 g Thymian (mit Stiel)
Meersalz
500 ml Noilly Prat
400 ml weißer Portwein
1,5 l Geflügelfond oder Gemüsebrühe
90 g Butter*

Für die Einlage:

*8 Artischockenböden
280 g Selleriewürfel (5 mm Seitenlänge)
200 g Karottenscheiben (3 mm dünn)
60 g Butter*

*20 g Schalotten, fein gewürfelt
4 g Knoblauch, fein gehackt
18 g Verjus
20 g Petersilie, gehackt
Meersalz, Pfeffer*

Für den Sud die Artischocken putzen, die
Böden für die Einlage beiseite legen und von
den Blättern, wenn möglich, nur die äußeren
verwenden.

Olivenöl in einem Topf erhitzen. Artischockenblätter hineinlegen und langsam rösten, bis
sie zusammengefallen sind. Die Karotten hinzufügen. 5 Minuten weiterrösten. Schalotten
in 5 mm dünne Scheiben schneiden, die
Knoblauchzehen dritteln. Beides in den Topf
geben und alles zusammen langsam weiter-
rösten. Dabei öfter umrühren. Sobald eine
helle, leicht bräunliche Farbe entsteht, mit
Petersilie, Thymian und Meersalz würzen.
Immer wieder mit jeweils 100 ml Noilly Prat

ablöschen. Wenn der Noilly Prat aufgebraucht
ist, ebenso mit dem Portwein verfahren.
Danach den Geflügelfond aufgießen, einmal
aufkochen und den Sud bei kleiner Hitze
ca. 40 Minuten köcheln lassen. Er soll auf
ca. 1,2 Liter einreduziert werden. Den fertigen
Sud nach und nach durch ein Spitzsieb
passieren. Die Artischockenblätter dabei kräftig
mit einer Suppenkelle ausdrücken. Den Sud
in einem Standmixer homogenisieren.

Für die Einlage die Artischockenböden klein
schneiden. Zusammen mit den Selleriewürfeln
und den Karottenscheiben in 60 g Butter
anbraten. Leicht Farbe annehmen lassen.
Dann die Schalotten- und Knoblauchwürfel
zugeben. Kurz durchschwenken. Den heißen
Artischockensud aufgießen. Köcheln lassen,
bis das Gemüse die gewünschte Konsistenz
hat. Verjus und Petersilie zugeben und mit
Meersalz und Pfeffer abschmecken. Kurz vor
dem Servieren 90 g Butter einmixen.

2011 Chardonnay **, Alexander Laible, Durbach

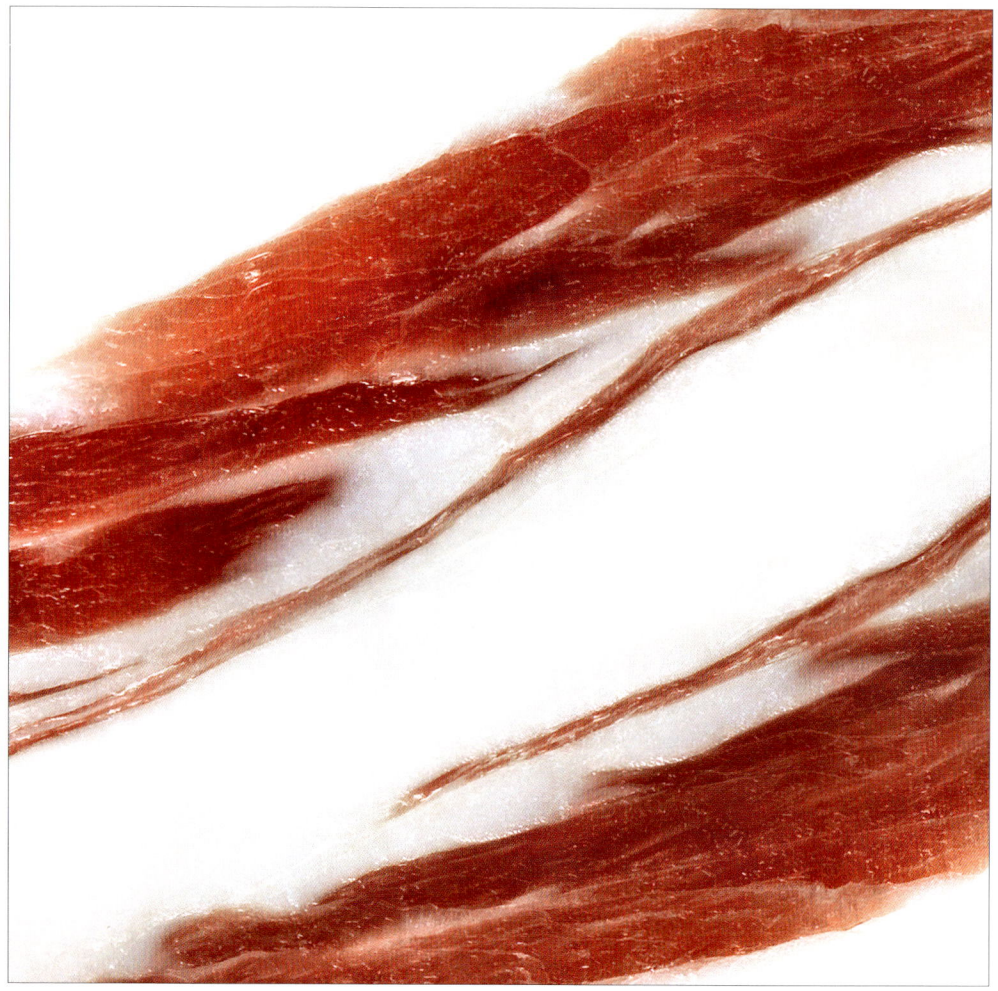

Speck

Gebratener Spargel

Otto Koch

Rezept für 4 Personen

1,5 kg Spargel
Erdnussöl
100 g Zuckerschoten
30 g Butter
4 Scheiben Frühstücksspeck
1 Schalotte, fein gewürfelt
½ Tasse heller Kalbsfond
Sojasauce
Salz, Pfeffer
1 Tomate, gewürfelt
Basilikumblätter

Den Spargel gut schälen. Die unteren Enden abschneiden. Den Spargel in schräge Scheiben schneiden. In einer Pfanne mit Erdnussöl und den Zuckerschoten scharf anbraten. Butter, Speck und Schalottenwürfel zugeben. Einige Sekunden weiterbraten. Wenn der Spargel etwas Farbe angenommen hat, mit dem Kalbsfond ablöschen und durchschwenken. Es sollte nur so viel Fond zugegeben werden, dass er sich mit dem Bratensatz vermischt und eine leichte Sauce entsteht, die am Spargel haftet. Das Gericht bekommt dadurch einen schönen Glanz. Mit Sojasauce, Salz und Pfeffer abschmecken.

Auf vorgewärmten Tellern anrichten und mit Tomatenwürfeln und Basilikumblättern garnieren.

2011 Klingelberger „1782", Markgraf von Baden, Schloss Staufenberg, Durbach

Gedämpfter Lauch, Trüffeljus, Rübchen-Mousseline, Crunch

Andreas Krolik

Rezept für 6 Personen

Für den Lauch:
3 Stangen Lauch
1 EL Rapsöl
1 EL Butter
Meersalz, Pfeffer aus der Mühle
18 Schnittlauchspitzen
10 g frische Périgord-Trüffel
    (im Sommer alternativ: Sommertrüffel)

Für den Mandel-Parmesan-Crunch:
14 g Butter
10 g Sauerteigbrotwürfel (3 mm Seitenlänge)
10 g geschälte Mandeln,
    zerdrückt und gehackt
Meersalz, Pfeffer aus der Mühle
20 g fein geriebener Parmesan

Für die Trüffeljus:
100 ml Banyuls
75 g Sellerie

200 ml Wasser
Meersalz
100 ml Trüffelsaft
10 g feinste Périgord-Trüffel-Brunoise
    (außerhalb der Saison eingekochtes
    Produkt verwenden)
etwas Pfeilwurzstärke

Für die Rübchen-Mousseline:
300 g geschälte Teltower Rübchen,
    Navetten oder Steckrüben
Meersalz, 1 Prise Zucker
30 g Crème fraîche
30 ml Sahne

Für die Schnittlauch-Espuma:
½ Bund Schnittlauch
100 g sehr weiches Kartoffelpüree
20 ml Sahne
2 EL hochwertiges Olivenöl

Vom Lauch nur die untere Hälfte verwenden, die äußeren beiden Blattschichten entfernen. Den Lauch waschen und mit etwas Rapsöl straff in Folie einrollen. Die Enden eng abbinden. Im Dampf (95 °C) etwa 18 Minuten garen, dann in Eiswasser abschrecken. Alternativ können die Stangen auch in siedendem Wasser gegart werden. Den Lauch danach in 2 cm lange Zylinder schneiden und dicht in gebutterte Ringe (Ø 6 cm) setzen, oben und unten leicht mit Salz und Pfeffer würzen. Kalt stellen.

Für den Mandel-Parmesan-Crunch Butter in einer Pfanne schmelzen. Brotwürfel aus Sauerteig zugeben und langsam rösten. Wenn das Brot anfängt kross zu werden, die gehackten Mandeln hinzufügen. Alles weiter-rösten, bis die Mandeln goldbraun und die Brotwürfel knusprig sind. Mit Salz und Pfeffer würzen. Zum Abtropfen auf ein Küchenkrepp geben.

In der Zwischenzeit den Parmesan dünn auf eine Backmatte streuen und im vorgeheizten Backofen bei 180 °C Ober-Unterhitze in etwa 4–5 Minuten schmelzen und leicht bräunen, danach auskühlen lassen. Die Parmesan-matte muss schön knusprig sein. In einer Schüssel mit den Händen zerbröseln und mit der Mandel-Brot-Mischung vermengen. Nochmals auf einem Küchenkrepp etwas entfetten lassen. Dann in einem luftdichten Glas gut verschließen. Kalt stellen, aber bei Zimmertemperatur servieren.

Für die Trüffeljus den Banyuls auf 25 ml reduzieren. Sellerie in 200 ml Wasser mit Meersalz langsam kochen, bis er sehr weich ist. Durch ein Sieb passieren und ausdrücken. Es sollten sich ca. 200 ml Selleriefond ergeben – falls nicht, auf 200 ml reduzieren. Den reduzierten Banyuls mit Sellerie und Trüffelsaft aufkochen, abschäumen und die Trüffelwürfel zugeben. Leicht sämig abbinden.

Für die Rübchen-Mousseline die Rübchen grob würfeln und in einen kleinen Topf geben. Knapp mit Wasser bedecken, wenig Meersalz hinzugeben und die Würfel weich kochen. Dann den Kochfond bei großer Hitze fast komplett einkochen. Mit 30 g Crème fraîche, 30 ml Sahne und einer Prise Zucker sehr fein pürieren – idealerweise im Thermomix. Bei Bedarf durch ein feines Sieb passieren.

Für die Schnittlauch-Espuma den Schnittlauch 1 Minute in Salzwasser blanchieren, dann kurz in Eiswasser abschrecken. Alle Espuma-Zutaten warm im Thermomix zu einer cremigen Masse mixen. Durch ein feines Sieb passieren und eine Espuma-Flasche (250 ml) damit füllen. Eine Gaspatrone aufdrehen und in einem Wasserbad bei ca. 60 °C warm halten.

Kurz vor dem Servieren die Servierringe mit dem Lauch entweder mit Folie abspannen und im Dämpfer bei 80 °C erhitzen oder in eine Sauteuse mit 1 EL Brühe setzen und 15 Minuten in den 140 °C heißen Backofen stellen.

Die Rübchen-Mousseline im Topf erwärmen und je 2 EL davon rund in die Mitte von tiefen Tellern geben. Darauf je einen Lauchring setzen, den Ring entfernen und den Lauch mit Mandel-Parmesan-Crunch bestreuen. Darauf einen Tupfer Schnittlauch-Espuma geben. Jeweils mit 3 Schnittlauchspitzen und frisch gehobelter Trüffel garnieren. Um die Mousseline die aufgekochte Trüffeljus angießen.

2011 Muskat-Ottonel Kabinett oktav trocken, Joachim Heger, Ihringen am Kaiserstuhl

Zwiebel und Möhre

Törtchen von Bio-Lachs und Estragon-Taboulé mit Cremesauce

Karl-Emil Kuntz

Rezept für 4 Personen

Für das Lachstatar:

80 g Bio-Lachs, fein gewürfelt
je 1 TL rote und gelbe Paprikawürfel
    (geschält, 1–2 mm Seitenlänge)
1 TL Staudenselleriewürfel
1 TL Schalottenwürfel
1 TL Schnittlauchröllchen
1 TL Koriander, gehackt
2 EL Olivenöl
1 TL Limettenöl
Fleur de Sel
Maldon Sea Salt (Meersalz)
weißer Balsamicosirup

Für das Estragon-Taboulé:

60 ml Geflügelbrühe
2 Zweige Estragon
40 g Couscous
10 g Butterflocken
etwas Olivenöl

je 1 TL rote und gelbe Paprikawürfel
    (geschält, 1–2 mm Seitenlänge)
1 TL Gemüsewürfel von Karotten,
    Sellerie und Zucchini, blanchiert
Salz, Pfeffer

Für die Cremesauce:

1 Kopfsalatherz
10 große Minzblätter
2 EL Frischkäse (Doppelrahmstufe)
1 EL Joghurt
2 EL Traubenkernöl
Saft und sehr fein geriebene Schale
    von 1 Limette
Fleur de Sel, Cayennepfeffer, geriebener Muskat

Weitere Zutaten:

40 g Alfalfa-Sprossen, 20 g gelber Friséesalat,
    1 Schale Gartenkresse
geklärte Butter
Fliegenfischkaviar
frische Minze

Für das Lachstatar den fein gewürfelten Bio-Lachs mit den Gemüsewürfeln, dem Schnittlauch, dem Koriander, den beiden Ölen und dem Fleur de Sel vermischen. Mindestens 1 Stunde kühlen.

Für das Estragon-Taboulé die Geflügelbrühe aufkochen. Gezupfte Estragonblätter untermixen. Couscous, Butterflocken und Olivenöl zugeben und gut verrühren. Den Couscous quellen lassen, dann Paprika- und Gemüsewürfel untermischen und mit Salz und Pfeffer abschmecken.

Für die Cremesauce das Salatherz klein schneiden und waschen, danach mit den anderen Zutaten in einen Mixbecher geben. Alles zermahlen, bis eine homogene Sauce entsteht.

Das Lachstatar mit Maldon Sea Salt und Balsamicosirup abschmecken.

Sprossen, Friséesalat und Gartenkresse vermischen.

Das Taboulé auf den Tellern in einen Ring (Ø 4 cm) einschichten und mit Lachstatar auffüllen. Den Ring entfernen und jeweils Salat auf die Törtchen geben. Mit Cremesauce nappieren. Abschließend mit Fliegenfischkaviar sowie frischer Minze garnieren.

2010 Sauvignon „Junges Schwaben", Sven Ellwanger, Weinstadt im Remstal

Langostinos-Carpaccio mit Joghurt-Mousse

Claus-Peter Lumpp

Rezept für 4 Personen

Für das Langostinos-Carpaccio:

12 mittelgroße Langostinos
Fleur de Sel
Saft von 2 Limonen
1 TL Puderzucker
1 TL Limonenöl

Für die Joghurt-Mousse:

60 g Joghurt
25 ml Riesling
Saft und Abrieb von ½ Limone
1 Blatt Gelatine
2 EL Weißwein

Weitere Zutaten:

25 g Imperial Kaviar
Olivenöl
1 Rosmarinzweig
Thymian
Kräuter der Saison

Die Langostinos ausbrechen und den Darm entfernen. Die vier schönsten Langostinos zur Seite legen. Die restlichen acht der Länge nach halbieren und hintereinander auf eine feste Kunststofffolie legen, darüber wieder eine Folie legen und vorsichtig hauchdünn plattieren.

Mit einem Ausstecher (Ø 5 cm) 12 Kreise ausstechen. Pro Teller drei davon nebeneinander anrichten und mit etwas Fleur de Sel würzen.

Aus Limonensaft, Puderzucker und Limonenöl eine Vinaigrette herstellen und die ausgestochenen Langostinos damit bestreichen.

Für die Mousse Joghurt, Riesling, Limonensaft und Abrieb in eine kleine Schüssel geben und verrühren. Die Gelatine einweichen und ausdrücken. In einem kleinen Topf mit Weißwein bei schwacher Hitze auflösen. Die

Gelatine nun zum Joghurt geben und auf Eis schaumig kaltschlagen. Kurz bevor der Schaum fest wird, in ein kleine Form 2 cm hoch abfüllen und 10 Minuten kalt stellen. Danach vier Törtchen mit 3 cm Durchmesser ausstechen und auf das marinierte Carpaccio legen.

Vom Imperial Kaviar vier gleichmäßige Nocken abstechen und auf der Joghurt-Mousse anrichten.

Die vier zur Seite gelegten Langostinos in Olivenöl mit Rosmarin und Thymian glasig braten und neben der Joghurt-Mousse auf dem Carpaccio anrichten.

Mit Kräutern der Saison garnieren.

2011 Goldberg Riesling Kabinett trocken, Markus Heid, Fellbach

Apfel

Apfel-Staudensellerie-Saft, Melissen-Sorbet, Vanille-Schaum

Thomas Martin

Rezept für 4–6 Personen

Für den Apfel-Staudensellerie-Saft:
2 Bund Staudensellerie
6 grüne Äpfel der Sorte „Granny Smith"
20 ml Cidre
10 ml Läuterzucker (Zucker und Wasser
*   zu gleichen Teilen aufkochen und*
*   abkühlen lassen)*
Saft von ½ Zitrone

Für das Melissen-Sorbet:
360 ml Wasser
1 großer Bund Zitronenmelisse
½ Bund Minze
110 g Zucker, 25 g Glukose

Für den Vanille-Schaum:
250 ml Milch, 250 ml Sahne
1 Vanilleschote, halbiert und ausgeschabt
125 g Zucker
125 g Eigelb

Die Staudensellerie waschen, den Strunk entfernen, die gelben Blätter beiseite legen. Die Äpfel vierteln und entkernen. Sellerie und Äpfel in den Entsafter geben. Den gewonnenen Saft mit Cidre, Läuterzucker und Zitrone abschmecken und passieren.

Für das Sorbet Wasser aufkochen. Melisse und Minze eine Stunde darin ziehen lassen. Passieren und Zucker und Glukose einrühren. In eine Eismaschine geben. Vom fertigen Sorbet kleine Kugeln abstechen und einfrieren.

Für den Schaum Milch, Sahne, Vanillemark und Schote aufkochen. Zucker und Eigelb verquirlen, hinzugeben und unter Rühren zur Rose abziehen. Passieren und kalt stellen. In eine Espuma-Flasche füllen. 2 Patronen laden. 6 eiskalte Trinkgläser (Tumbler) zur Hälfte mit Saft füllen. Jeweils 2 3 Kugeln Sorbet und etwas Vanilleschaum hinzufügen. Mit Staudensellerieblättern dekorieren.

2010 „Durbacher Ölberg" Gewürztraminer Spätlese, Heinrich Männle, Durbach

Bunter Blatt-Rohkostsalat
mit Joghurt-Kräuter-Dressing

Dieter Müller

Rezept für 4 Personen

1 Eisbergsalat
1 kleiner Kopf Lollo Rosso
100 g Feldsalat oder Rucola
1 Chicorée
1 Karotte
¼ Sellerieknolle oder
*   2 Staudenselleriestangen*
100 g Joghurt (3,5% Fett)
2 EL Olivenöl
2 EL Walnuss- oder Pinienkernöl
1 EL Meerrettich (aus dem Glas)
½ EL mittelscharfer Senf
1 TL Vitam R Brotaufstrich (Reformhaus)
1 Hand voll frische Gartenkräuter
*   (Zitronenmelisse, Petersilie, Basilikum,*
*   Kerbel, Pimpinelle, Schnittlauch und*
*   wenig Liebstöckel)*
Saft von 1 Zitrone oder weißer Balsamico
1 Prise Zucker, Salz
8 Kirschtomaten

Den Eisbergsalat und den Lollo Rosso gleichmäßig zupfen, kalt waschen, trockenschleudern und kühl stellen. Den Feldsalat ebenfalls putzen, waschen, trockenschleudern und kühl stellen. Chicorée längs halbieren und in Rauten schneiden. In lauwarmem Wasser etwa 8 Minuten ziehen lassen, dadurch werden die Bitterstoffe gemildert. Danach schleudern. Karotte und Sellerie schälen und mittelfein reiben.

Für das Salatdressing in einer großen Schüssel Joghurt, die beiden Öle, Meerrettich, Senf, Vitam R und Kräuter gut verrühren. Mit Zitrone oder weißem Balsamico, Zucker und Salz würzig abschmecken. Nun Karotte, Sellerie, Chicorée und Eisbergsalat dazugeben und gut mit der Sauce vermischen. Erst im letzten Moment Lollo Rosso und Feldsalat hinzufügen und mit Salatbesteck vorsichtig untermischen. Den Salat auf Teller verteilen und mit geviertelten Kirschtomaten garnieren.

2011 Riesling, edition k, Bischöfliches Weingut Rüdesheim, Bistum Limburg, Rheingau

Lauch

Seidentofu, grünes Dashi und Quinoa

Tohru Nakamura

Rezept für 4 Personen

Für die Buchenpilze:
100 g Buchenpilze
30 ml Sushi-Essig
1 Scheibe Ingwer
1 kleines Stück rote Chilischote
1 Stängel Koriander

Für den Quinoa-Salat:
je 20 g rote, weiße und schwarze Quinoa
1 l Dashi (nur aus Kombu-Alge und
    Bonito-Flocken)
1 EL Schalotten, fein gewürfelt
1 Zitrone
Sojasauce
etwas Olivenöl
weißer Pfeffer aus der Mühle

Für den Erbsen-Edamame-Salat:
150 g Edamame in der Schale
    (junge grüne Sojabohnen)
400 g Zuckererbsen in der Schale
etwas Olivenöl
2 grüne Shiso-Blätter

Für das grüne Dashi:
200 ml Dashi
1 Handvoll Weizengras
80 g grober Spinat
etwas Sojasauce
etwas Sushi-Essig

Weitere Zutaten:
1 Block Seidentofu (ca. 350 g)
1 EL gerösteter Buchweizen

Die Buchenpilze mit Essig, Ingwer, Chili und Koriander für mindestens 4 Stunden vakuumieren. (Alternativ können sie auch einfach nur eingelegt werden.)

Die drei Quinoa-Sorten voneinander getrennt in jeweils etwas 300 ml Dashi nicht zu bissfest kochen und auskühlen lassen. Danach vermischen und mit dem Einlege-sud der Buchenpilze sowie Zitronensaft, Sojasauce, Olivenöl und weißem Pfeffer abschmecken.

Edamame und Zuckererbsen ausbrechen, kurz blanchieren und schälen. Ein paar Erbsenschoten zur Seite stellen. Den Rest mit Edamame, ein paar Tropfen Olivenöl und den in sehr feine Streifen geschnittenen Shiso-Blättern vermengen.

200 ml Dashi mit Weizengras (einige Spitzen für die Garnitur aufheben), den zur Seite

gestellten Erbsenschoten sowie dem Spinat aufmixen und durch ein feines Sieb passieren. Mit Sojasauce und Sushi-Essig leicht säuerlich abschmecken.

Zum Anrichten den Tofu in 4 Rechtecke schneiden und mittig in tiefe Teller legen. Erst Quinoa-Salat, dann Erbsen-Edamame-Salat und zum Schluss die marinierten Buchenpilze darauf verteilen. Mit ein paar Spitzen Weizengras und Buchweizenkörnern garnieren und das grüne Dashi angießen.

2011 Müller-Thurgau Kabinett trocken, Konrad Schlör, Reicholzheim

Makrele en escabèche
mit Gelee, Sorbet und Creme

Michael Philipp

Rezept für 4 Personen

Für die Makrele:

2 Makrelen (350–400 g)
Saft und Abrieb von 1 Limette
Gin Mare (spanische Gin-Marke)
Olivenöl
Piment d'Espelette
Salz, Pfeffer

Für das Bloody-Mary-Gelee:

100 g Saft vom Staudensellerie (hierfür
ca. 250 g Staudensellerie entsaften)
150 g Tomatensaft
etwas Limettensaft
etwas Gin Mare (spanische Gin-Marke)
etwas Tabasco
Salz, Pfeffer
Zucker
Piment d'Espelette
vegetarische Gelatine
Pacojet (alternativ: Eismaschine)

Für das Basilikum-Sorbet:

1 l Apfelsaft
100 g Zucker
150 g Glukose
Saft und Abrieb von 3 Limetten
6 Bund Basilikum
Xanthan

Für die Wasabi-Creme:

2 Eigelb
200 g Sonnenblumenöl
etwas Wasabi
Limettensaft, Salz, Pfeffer

Weitere Zutaten:

gesalzene Oliven
Gurkenwürfel
Staudenselleriewürfel
Staudensellerieblätter
Balsamico, Sesamöl
Zucker, Salz, Pfeffer
Bio-Gartenkresse

Die Makrelen filetieren und die Gräten ziehen. Die Filets in dünne Scheiben schneiden und mit Limettenabrieb, Limettensaft, Gin Mare, Olivenöl, Piment d'Espelette, Salz und Pfeffer säuerlich frisch abschmecken. Etwa 20 Minuten marinieren.

Für das Bloody-Mary-Gelee den Stauden-selleriesaft mit Tomatensaft mischen. Mit den restlichen Zutaten abschmecken und mit vegetarischer Gelatine abbinden. Auf ein rechteckiges Blech geben. Kühl stellen. Später in gleichmäßige Würfel schneiden.

Für das Basilikum-Sorbet den Apfelsaft mit Zucker, Glukose, Limettensaft und Abrieb aufkochen. Abkühlen lassen und kalt mit Basilikum mixen. Passieren und mit Xanthan leicht abbinden. In einen Pacojet-Becher füllen, tiefkühlen und bei Bedarf pacossieren. (Falls kein Pacojet vorhanden ist, das Sorbet mit einer Eismaschine herstellen.)

Für die Wasabi-Creme aus den Eidottern und dem Sonnenblumenöl eine Mayonnaise herstellen. Mit Wasabi, Limettensaft, Salz und Pfeffer abschmecken.

Für Olivenpulver gesalzene Oliven in einem Trockengerät trocknen, anschließend zu einem feinen Pulver mahlen.

Für die Garnitur die Gurken- und Stauden-selleriewürfel sowie die Blätter vom Stauden-sellerie mit Balsamico, Sesamöl, Zucker, Salz und Pfeffer marinieren. Alles zusammen anrichten und mit Gartenkresse bestreuen.

2011 Muskat-Trollinger, Wolfgang Klopfer, Weinstadt im Remstal

Salat von roten Rüben mit Café Arabica

Anne-Sophie Pic

Rezept für 4 Personen

Für den Salat:
12 rote Rüben
3 rote Chioggia-Rüben
3 gelbe Rübchen
1 weißes Rübchen
grobes Salz, 1 Prise feines Salz
1 EL Sherry-Essig, 3 EL Olivenöl
1 Prise Fleur de Sel „Café Arabica"
   (Fleur de Sel mit Kaffeebohnen, 1 Kaffee-
   bohne auf 10 g Fleur de Sel mörsern)

Die Rüben unter fließendem Wasser waschen. 1 Chioggia-Rübe und 1 gelbe Rübe zur Seite stellen. Die anderen Rüben in den Siebeinsatz des Schnellkochtopfes legen. Die Rübchen sollten etwa die gleiche Dicke haben, die Farben können gemischt werden. Den Boden des Dampfkochtopfes mit Wasser füllen und grobkörniges Salz hinzufügen. Das Wasser zum Kochen bringen und den Topf schließen. Kleine Rübchen (Ø 2 cm) benötigen 5 bis 6 Minuten Kochzeit, mittlere (Ø 4–6 cm) 7 bis 8 Minuten und dicke (Ø 8–12 cm) 9 bis 15 Minuten. Die Rübchen nach dem Kochen aus dem Topf nehmen, schälen und in feine Stückchen schneiden.

Für die Vinagrette in einer kleinen Schüssel 1 Prise feines Salz in Sherry-Essig auflösen und danach das Olivenöl hinzumischen.

Die ungekochte Chioggia-Rübe und die gelbe Rübe schälen und in feine Scheiben schneiden. Diese 10 Minuten in eine Salat-schüssel mit Eiswasser legen, damit sie knackig bleiben. Die gekochten Rübchen mit Vinaigrette übergießen.

Den Salat nun auf Tellern anrichten, die in Scheiben geschnittenen rohen Rüben dazulegen und alles mit einer Prise Fleur de Sel „Café Arabica" bestreuen.

2010 „Reicholzheimer First" Schwarzriesling trocken, Konrad Schlör, Reicholzheim

Sauerkraut-Curry-Süpple mit Quark-Nocken und Rote-Bete-Chips

Markus Polinski

Rezept für 4 Personen

Für die Rote-Bete-Chips:
1 Rote Bete, Puderzucker

Für die Sauerkraut-Curry-Suppe:
1 Apfel, 1 Zwiebel, 1 kleine Karotte
3 EL Sonnenblumenöl
Salz, Zucker
200 g frisches Sauerkraut (Filderkraut)
1 EL Currypulver
500 ml Fleischbrühe, 250 ml Weißwein
Lorbeer, Wacholder
1 EL Mondamin

Für die Quark-Nocken:
100 g Quark, 2 Eiweiß
Salz, Zucker, Muskat

Die Rote Bete schälen und in hauchdünne Scheiben schneiden. Auf Backpapier legen und mit Puderzucker bestäuben. Im Backofen (Umluft 85 °C) 4 Stunden trocknen. Zwischendurch einmal wenden.

Für die Suppe den Apfel, die Zwiebel und die Karotte schälen und klein würfeln. Das Öl erhitzen und die Würfel darin glasig dämpfen. Mit Salz und Zucker würzen. Das Sauerkraut dazugeben und mit Currypulver bestäuben. Unter Rühren mit Brühe und Wein auffüllen. Das Kraut etwa 30 Minuten weich kochen. Lorbeerblätter und Wacholder zufügen und mit Mondamin abbinden. Mit dem Zauberstab mixen, durch ein Sieb passieren und nochmals abschmecken.

Für die Quark-Nocken den Quark in einem Tuch ausdrücken. In einer Schüssel mit Eiweiß vermischen. Mit Salz, etwas Zucker und Muskat würzen. Gleichmäßige Nocken abstechen und 5 Minuten sanft in Salzwasser sieden lassen. Die Nocken in die Suppe legen. Mit den Rote-Bete-Chips servieren.

2011 „D'r Oifache", Albrecht Schwegler, Korb im Remstal

65

Ei

Maximal minimal.
Die Kunst der Reduktion in der Kunst

Von Thomas Knubben

Größer, schneller, weiter – das sind die Prinzipien der modernen Gesellschaft. In mittlerweile mindestens drei industriellen Revolutionen – von der mechanischen Industrialisierung des 19. Jahrhunderts, über die elektro-chemischen Umwälzungen im 20. Jahrhundert bis hin zu den digitalen Umbrüchen unserer Tage – hat die Welt immer neue Rekorde des Superlativen aufgestellt. Brauchte der Held in Jules Vernes Roman noch 80 Tage, um einmal um die Welt zu reisen, so schafft es eine Rakete in der Erdumlaufbahn heute schon mehrmals an einem Tag. Prinzipiell können (fast) alle Güter der Welt an (fast) allen Orten der Welt in kürzester Zeit bereitgestellt und konsumiert werden. Ab einem bestimmten Niveau sind selbst die Kosten dafür vernachlässigbar. Die Welt ist, wie Marshall McLuhan es bereits 1962 prophezeit hat, zu einem globalen Dorf geworden.

Dem Ausgriff in die Weite der Welt und in die Weite des Alls entsprach das Bemühen um die Entschlüsselung des Kosmos im Kleinsten: zu sehen, was die Welt im Innersten zusammen hält. Die Spaltung des Atoms und die Entwicklung der Quantenphysik waren ebenso Stationen auf diesem Weg wie die Entschlüsselung des menschlichen Genoms und die Analyse der Funktion des Gehirns auf seine kleinsten elektrischen und chemischen Impulse hin.

Angesichts dieser elementaren Erkenntnisse und radikalen Umwälzungen hatte der Mensch seine eigene Position im Universum immer wieder neu zu bestimmen. Die Künste sollten und konnten ihm dabei helfen. Ihnen wurde nicht nur ein besonderes Sensorium für gesellschaftliche Entwicklungen zugeschrieben, sie besaßen und besitzen auch heute noch das einzigartige Vermögen, komplexe Verhältnisse verblüffend anschaulich und individuell erfahrbar zu machen. Was sie dabei oftmals im Besonderen auszeichnet, ist die Kunst des maximalen Ausdrucks mit minimalen Mitteln.

Pablo Picasso, der Meister schlechthin, hat das regelmäßig bewiesen. Seine „Demoiselles d'Avignon", 1907 geschaffen und heute eine der Hauptattraktionen im Museum of Modern Art New York, können nicht nur als Inkunabel der abstrakten Malerei oder Initialzündung eines neuen Stils gelesen werden, sie sind zugleich frühe, ja hellsichtige Sinnbilder einer globalisierten Welt, die Bildformen unterschiedlicher Kulturen integriert und die Komplexität der menschlichen Existenz durch verschiedene simultane Ansichten des Menschen offenbart.

Picasso verdanken wir auch eine einzigartige Bilderfolge, die zeigt, wie ein Gegenstand in der Darstellung immer mehr reduziert werden kann, ohne deswegen auch nur einen Deut an Erkennbarkeit oder gar Ausdruckskraft zu verlieren. Am 5. Dezember 1945 begann er, sich mit der Darstellung eines Stieres in der Technik der Lithografie zu beschäftigen. Über sechs Wochen hinweg griff er das Motiv immer wieder auf und verwandelte es zusehends von einem Abbild zu einem Urbild. Stand am Anfang die bullige, kraftstrotzende Gestalt eines plastischen, düster ausgemalten Stieres, so konzentrierte er sich von Bild zu Bild immer mehr auf das Wesentliche, auf die charakteristischen Erkennungszeichen des Tieres, bis er am Ende mit ganz wenigen Strichen nur noch die Umriss-

linie, den Schwanz, die Hörner und die Hoden des Stieres andeutete und so zum Unverzichtbaren, zum Inbegriff seines Gegenstandes, zum Urbild des Stieres, gelangt war.

Fast zum gleichen Zeitpunkt, als Picasso seine „Demoiselles" malte und damit gleichsam nebenbei und gemeinsam mit Georges Braque den Kubismus erfand, verfasste der Wiener Architekt Adolf Loos einen Aufsatz mit dem provozierenden Titel „Ornament und Verbrechen". Darin verkündete er: „Evolution der kultur ist gleichbedeutend mit dem entfernen des ornaments aus dem gebrauchsgegenstande". Das Ornament erklärte er, wie übrigens auch die Groß- und Kleinschreibung, ganz grundsätzlich zum Verbrechen und forderte den prinzipiellen Verzicht auf jegliches Ornamentieren – nicht nur, weil es vergeudete Arbeitskraft und vergeudetes Kapital sei, sondern weil Schmucklosigkeit unter den Bedingungen der modernen Gesellschaft auch Wahrhaftigkeit bedeutete. Loos erläuterte seine Position anhand der Kochkunst: „Wenn ich ein stück pfefferkuchen essen will, so wähle ich mir eines, das ganz glatt ist und nicht ein stück, das ein herz oder ein wickelkind oder einen reiter darstellt, der über und über mit ornamenten bedeckt ist. Der mann aus dem fünfzehnten jahrhundert wird mich nicht verstehen. Aber alle modernen menschen werden es. Der vertreter des ornaments glaubt, dass mein drang nach einfachheit einer kasteiung gleichkommt. Nein, verehrter herr professor aus der kunstgewerbeschule. Ich kasteie mich nicht! Mir schmeckt es so besser. Die schaugerichte vergangener jahrhunderte, die alle ornamente aufweisen, um die pfauen, fasane und hummern schmackhaft erscheinen zu lassen, erzeugen bei mir den gegenteiligen effekt. Mit grauen gehe ich durch eine kochkunstausstellung, wenn ich daran denke, ich sollte diese ausgestopften tierleichen essen. Ich esse roastbeef."

Loos' Absage an alles überflüssige und sinnlos gewordene Dekor folgte einer Einsicht, die der amerikanische Architekt Louis Sullivan, einer der ersten großen Hochhausarchitekten in Chicago, zwar nicht erfunden, aber bereits 1896 in Umlauf gebracht hatte: „Form follows function." – Die Form muss sich aus der Funktion ergeben. Dass Sullivan dieses Prinzip weitaus großzügiger auslegte als seine Jünger und er durchaus auch dem Ornament eine Funktion zubilligte, wurde später übersehen. Nirgendwo aber hat seine Losung eine so durchschlagende Wirkung erzielt wie im Bauhaus in Weimar und später in Dessau. Hier wurde das Bekenntnis zur radikalen Reduktion in Material, Farbe und Form zum Neuesten Testament und der weiße Block als ungeschmückte geometrische Grundform zum Urelement und Urbild des neuen Bauens. Mit der Emigration ihrer vornehmsten Vertreter in den dreißiger Jahren gelangten die Ideen des Bauhauses in die ganze Welt und mit Mies van der Rohe auch wieder zurück nach Chicago. Der prägte die Maxime „less is more" und gab damit dem Minimalismus in Architektur, Kunst und Design die entscheidende Formel für das 20. Jahrhundert.

Aus der Fülle der Möglichkeiten das Entscheidende herauszuarbeiten, darin liegt die Kunst der Reduktion und des Erkennens. „Ich kehre in mich selbst zurück und finde eine Welt", lässt Goethe bereits seinen Werther brieflich mitteilen. Ähnliches tat auch Christian Boltanski, der große französische Künstler. Sein Leben lang hat er in seinem Werk der Erinnerung an die Verfolgung im Nationalsozialismus nachgespürt, hat unzählige Monumente des Gedenkens geschaffen. Am Ende ist ihm das menschliche Leben in all seinen Erscheinungsformen gleich nah gewesen. Und er hat dafür ein einzigartiges Symbol gefunden, die Frequenz des Herzschlages nämlich, den er durch eine einfache Glühbirne leitete und ihn so in dem jedem Menschen ureigenen Rhythmus zum Leuchten brachte.

John Cage hingegen, einer der Universalkünstler der Moderne, dessen 100. Geburtstag 2012 allerorten gefeiert wird, hörte weniger in sich selbst hinein, denn in die Welt. Und er stellte dabei fest: Die Welt ist voller Klang – im gezähmten Reich der Natur wie in der Wildheit der urbanen Welt. Töne und Klänge müssen daher nicht eigens geschaffen und arrangiert werden, sie sind bereits da, ihnen muss nur ausreichend Aufmerksamkeit und Gehör geschenkt werden. Wer sich dieses Umstands bewusst ist, kann nicht nur immer wieder die „Fülle des Wohl-

lauts" genießen, er vermag im besten Fall auch gegenüber allen, oftmals widerstreitenden Erscheinungen des Klangs ein umfassendes Verständnis zu entwickeln. Vor allem aber wird er zu der Einsicht gelangen, dass die Musik ganz wesentlich aus den Pausen besteht und der Rhythmus des Lebens seine Vollendung in der Stille findet.

Cage hat diese Einsichten in seiner berühmten Komposition 4'33" ins Werk gesetzt. Das Stück wurde am 29. August 1952 in Woodstock bei New York zum ersten Mal zur Aufführung gebracht und verbreitete seitdem die Erfahrung der klangvollen Stille in der ganzen Welt. Es besteht aus drei Sätzen und dauert, wie der Titel andeutet, 4 Minuten und 33 Sekunden. Die einzige Anweisung in der Komposition besteht in der dreimaligen Aufforderung an den Spieler: zu schweigen („tacet"). Das hat der Pianist David Tudor bei der Uraufführung auch getreulich befolgt und Anfang und Ende des stillen Stückes durch das schlichte Schließen und Öffnen des Klavierdeckels signalisiert. Gut fünfzig Jahre später, 2004, wurde das Stück von der BBC auch mit einem ganzen, still dasitzenden Orchester live aufgeführt und im Rundfunk übertragen. Das Publikum im Aufnahmesaal soll das solitäre Erlebnis mit enthusiastischem Beifall quittiert haben.

Es dürfte kein Zufall sein, dass die Bewegungen der Minimal Art und der Minimal Music genau zu dem Zeitpunkt aufkamen, als die Wohlstands- und Überflussgesellschaft mit ihrem überbordenden Warenangebot und Massenkonsum die Welt zu beherrschen begann. Die Kunst konnte darauf mit zwei ganz unterschiedlichen Konzepten reagieren: indem sie selbst immer größer und überwältigender wurde, also etwa wie Christo ganze Landschaften mit ihren Interventionen überzog oder das Format der Bilder in einem solchen Maße steigerte, dass sie in kein noch so großes Wohnzimmer mehr passten und irgendwann eigene Museen dafür geschaffen werden mussten. Die Kunst konnte aber auch genau die Gegenrichtung einschlagen, indem sie das schiere Nichts zum Gegenstand der Anschauung machte. Im Sommer 2012 hat die Hayward Gallery in London unter dem Titel „Invisible. Die Kunst des Unsichtbaren" 50 herausragende Werke dieses Konzepts zusammengetragen. Darunter fand sich der Sockel, auf dem Andy Warhol einmal für kurze Zeit posiert hatte, und den er, wie er erklärte, mit seiner Aura imprägniert habe. Daneben hingen weiße Papierblätter, die Gianni Motti mit unsichtbarer Tinte bemalt hatte, sowie ein Polizeireport, der bezeugte, dass dem Künstler Maurizio Cattalan einmal ein unsichtbares Kunstwerk vom Rücksitz seines Autos gestohlen wurde. Was auf den ersten Blick absurd, verrückt und sinnlos erscheinen mag, entpuppt sich bei näherer Betrachtung als eine präzise Reflexion unserer Welterfahrung und Weltaneignung. Denn schließlich gibt es viele Wirkungsmechanismen, die wir nicht sehen können, etwa Radioaktivität oder Magnetismus, und allein der Umstand, dass wir etwas nicht sehen können, bedeutet noch lange nicht, dass es nicht da ist. Allein das Wissen um den Umstand, dass eine Kirche geweiht ist oder ein Ort als heilig betrachtet wird, macht bereits einen Unterschied in seiner Wahrnehmung. Und die angekündigte Anwesenheit von Stars lässt eine Veranstaltung anders erleben, einerlei, ob man sie überhaupt sehen kann oder nicht.

Was hie und da spielerische Züge hat, kann am Ende auch existenzielle Dimensionen annehmen wie bei einer Installation des Performancekünstlers James Lee Byars. Er schuf einmal einen Raum, um über seinen eigenen Tod nachzudenken – ein vollkommen abgedunkelter, pechschwarzer, leerer Kubus, an dessen Ein- und Ausgang er schwere samtene Vorhänge anbrachte. Fünfzehn Jahre nach seinem Hinscheiden wurden die Ausstellungsbesucher nun eingeladen, den Raum noch einmal zu durchschreiten. Ein durchaus schauerliches Unterfangen.

Was Kunst in ihren gigantesken wie in ihren reduziertesten Erscheinungsformen zu vermitteln vermag, sind Erfahrungen und Impulse eigener Art, ohne die die Welt nicht nur ärmer, sondern geradezu armselig wäre. Die Schau in London war jedenfalls eine Sensation. Sie wurde, wie der Guardian titelte, „die beste Ausstellung, die man nie wird sehen können".

Radieserl

Thunfisch-Carpaccio
mit Bohnen-Crostini

Olaf Pruckner

Rezept für 4 Personen

Für die Bohnen-Crostini:

60 g weiße Bohnen
Geflügelfond
1 Thymianzweig, 1 Lorbeerblatt
Schalotten, Knoblauch
Olivenöl
Limonensaft, Cayennepfeffer
Salz, Pfeffer
60 g grüne Buschbohnen
1 Bohnenkrautzweig
8 Scheiben Weißbrotbaguette

Für die Oliven-Vinaigrette:

50 g Staudensellerie, fein gewürfelt
3 Schalotten, fein gewürfelt
50 g Weißes vom Lauch, fein geschnitten
5 weiße Champignons, fein gewürfelt
2 Knoblauchzehen, geschält und fein gehackt
2 EL Olivenöl
1 Lorbeerblatt, 1 Thymianzweig

500 ml Geflügelbrühe
70 ml Champagner-Essig
1 TL Dijonsenf
100 ml kalt gepresstes Olivenöl
150 ml Traubenkernöl
Limonensaft, Zucker, Salz, Pfeffer
30 g schwarze Oliven, 30 g grüne Oliven
1 TL Oliventapenade

Für das Thunfisch-Carpaccio:

200 g Thunfischfilet, küchenfertig
40 ml Oliven-Vinaigrette (Zutaten siehe links)
60 g getrocknete Tomaten, fein gewürfelt
Blattpetersilie, frischer Thymian, Rosmarin
½ TL Bohnenkraut
Salz, Pfeffer

Für die Crostini die weißen Bohnen 6 Stunden
in kaltes Wasser einweichen. Das Wasser
abschütten und die Bohnen in Geflügelfond mit
Thymian und Lorbeer garen. Schalotten- und
Knoblauchwürfel in Olivenöl glasig anschwitzen.

Die Hälfte davon mit den Bohnen und etwas Kochflüssigkeit im Standmixer pürieren. Die Masse durch ein feines Sieb streichen und mit Limonensaft, Cayennepfeffer, Salz und Pfeffer abschmecken. Die Buschbohnen klein schneiden und in kochendem Salzwasser nicht ganz weich garen. In Eiswasser abschrecken. Mit der andere Hälfte der Schalotten- und Knoblauchwürfel und etwas Olivenöl mixen. Passieren und mit Salz, Pfeffer und Bohnenkraut abschmecken.

Für die Oliven-Vinaigrette Gemüse und Pilze in 2 EL Olivenöl ohne Farbe anschwitzen. Lorbeer, Thymian und Geflügelbrühe zugeben. Die Flüssigkeit um die Hälfte einkochen. Durch ein Sieb gießen und die Reduktion mit Essig und Senf verrühren. Nach und nach die 100 ml Olivenöl und 150 ml Traubenkernöl in einem dünnen Faden einrühren. Mit Limonensaft, Zucker, Salz und Pfeffer abschmecken.

Anschließend die gewürfelten Oliven und die Tapenade unterrühren. Die Vinaigrette kühl aufbewahren.

Für das Carpaccio das Thunfischfilet in Klarsichtsfolie fest einrollen und im Tiefkühlfach anfrieren lassen. Mit einer Aufschnittmaschine in dünne Scheiben schneiden. Salz und Pfeffer auf die Teller streuen. Die Thunfischscheiben nebeneinander auflegen und mit Salz und Pfeffer bestreuen.

Die Oliven-Vinaigrette mit getrockneten Tomatenstückchen und gehackten Kräutern mischen. Den Fisch damit nappieren.

Die 8 Weißbrotscheiben in einer Pfanne mit Olivenöl auf beiden Seiten rösten. Pro Teller eine Scheibe mit dem weißen Bohnenpüree und eine Scheiben mit dem grünen Bohnenpüree bestreichen und zum Carpaccio legen.

2011 Blankenhornsberger Spätburgunder rosé Kabinett trocken, Staatsweingut Freiburg

Lauwarmes Saiblingsfilet auf Gurkentatar

Johann Rappenglück

Rezept für 4 Personen

Für das Gurkentatar:

1 Salatgurke
2 EL Crème fraîche
½ Bund Dill
½ Zitrone
Salz, Pfeffer

Für die Vinaigrette:

1 Schalotte
1 Zitrone
1 Limette
50 ml Ponzu-Essig
80 ml Olivenöl

Weitere Zutaten:

2 geräucherte Saiblingsfilets (je ca. 200 g)
100 g Wildkräutersalat

Die Gurke schälen, mit einer Aufschnittmaschine (Stufe 3) in Scheiben schneiden und anschließend würfeln. Die Gurkenwürfel mit Crème fraîche, Dill und Zitronensaft vermischen und mit Salz und Pfeffer abschmecken.

Für die Vinaigrette die Schalotte in sehr feine Würfel schneiden. Mit Zitronen- und Limettensaft, Ponzu-Essig und Olivenöl vermischen.

Die Saiblingsfilets in vier Stücke teilen, mit ein bisschen Vinaigrette beträufeln und im vorgeheizten Backofen bei 60 °C lauwarm erhitzen.

Das Gurkentatar in einer viereckigen Form auf den Tellern anrichten und das Saiblingsfilet darauf setzen. Den Wildkräutersalat mit etwas Vinaigrette anmachen und auf dem Saiblingsfilet verteilen.

2011 Riesling „Alte Reben", Andreas Laible, Durbach

Brot

Ei am Tisch zubereitet

René Redzepi

Rezept für 4 Personen

Für die Bärlauchsauce:
Bärlauchblätter, Wasser
Butter, Hühnerbrühe, Rapsöl

Für das Heuöl:
geröstetes Heu, Traubenkernöl
1 kleine Spritzflasche

Für Kartoffelchips:
4 kleine, gewaschene Kartoffeln
Frittieröl

Für die Thymianbutter:
Butter, Zitronenthymian
schwarzer Pfeffer aus der Mühle

Für eine Kräutermischung:
Vogelminze, Bärlauchblüten, gemahlener
*   Holunder, Zwiebelkresse*

Weitere Zutaten:
32 große Babyspinatblätter
32 mittelgroße Bärlauchblätter
4 halbe Eierschalen
Læsø Syde Salz
4 frische Enteneier

Telleraufbau:
4 ganz große flache Teller
4 flache Teller
4 Tücher
4 Aluminiumplatten
4 Handvoll Heu
4 kleine gusseiserne Pfannen

Aus Bärlauchblättern, Wasser, Butter,
Hühnerbrühe und etwas Rapsöl eine
Bärlauchsauce herstellen.

Traubenkernöl mit geröstetem Heu aromatisieren und in eine kleine Spritzflasche füllen.

Die Kartoffeln hauchdünn schneiden
und zu Chips frittieren.

Butter mit Thymian und schwarzem Pfeffer
aromatisieren.

In vier Terrakotta-Schälchen jeweils eine
Serviette, die Spinat- und Bärlauchblätter,
die Kräuter sowie einen Löffel mit einem
Stück Thymianbutter legen. Ein wenig Salz,
mit dem das Ei später bestreut werden kann,
in 4 halbe Eierschalen geben.

Jeder bereitet sein Entenei in einem eigenen
gusseisernen Pfännchen direkt am Tisch zu.

Die Pfanne muss vorher auf eine Temperatur
von 280 °C gebracht werden.

Sie wird auf den folgenden Telleraufbau
gestellt: Ganz unten steht ein ganz großer
flacher Teller, darauf ein etwas kleinerer flacher
Teller, auf diesem liegt ein kleines Tuch,
darüber ein Aluminiumteller und auf diesem
eine Handvoll Heu. Neben der Pfanne liegen
noch die halben Eier und die Kartoffelchips
auf dem Heu.

In die heiße Pfanne wird etwas Heuöl gespritzt
und dann das Entenei hineingeschlagen.
Nach 1½ Minuten wird die Thymianbutter
hinzugegeben, in sie werden die Blätter
und Kräuter aus dem Terrakotta-Schälchen
gelegt. Mit dem Salz bestreuen und zum
Schluss die Bärlauchsauce darüber geben.

2008 Pinot Noir „Typ 2", DZ-Danner, Durbach

Omelette

Grünkern-Risotto

Hubert Retzbach

Rezept für 4 Personen

100 g Gemüsebrunoise (aus Karotten,
*   Sellerie, Lauch), sehr fein gewürfelt*
Butter
200 g Grünkern
1 Lorbeerblatt
500 ml Geflügelbrühe
200 g Waldpilze
Blattpetersilie
80 g Butter zum Binden
etwas frisch gehobelter Meerrettich
frische Kräuter
Salz, Pfeffer

Gemüsebrunoise in Butter anschwitzen.
Grünkern und Lorbeerblatt dazugeben, mit
Brühe auffüllen. Alles etwa 1–2 Stunden
kochen lassen.

Die gewaschenen und geputzten Pilze in
Butter anbraten. Fein gehackte Blattpetersilie
hinzufügen. Wenn der Grünkern gar ist, die
Pilze unterrühren. Zum Schluss mit 80 g Butter
binden und würzen.

Vor dem Servieren noch etwas frisch
gehobelten Meerrettich mit gezupften Kräutern
mischen und in die Mitte des Risottos setzen.

2011 Riesling ***, Jürgen Hofmann, Röttingen im Taubertal

Scheiterhaufen

Luis Rottensteiner

Rezept für 4 Personen

4 säuerliche Äpfel
100 g Zucker
1 TL Bourbon-Vanillezucker
1 Msp. Zimt
Saft von 1 Zitrone
etwas Butter und geriebene Nüsse
2 süße Hefezöpfe (2 Tage alt)
2 Eigelb
500 ml Milch
50 g Nüsse, gerieben
50 g Sultaninen, gewaschen
30 g Butter, etwas warme Milch
2 Eiweiß
1 Prise Salz
1–2 EL Mandelblätter

Die Äpfel schälen, entkernen und in dünne Scheiben schneiden. Mit 50 g Zucker, Vanillezucker, Zimt und Zitronensaft marinieren und kurz ruhen lassen.

Eine Auflaufform mit Butter einfetten und mit geriebenen Nüssen ausstreuen. Die Hefezöpfe in Scheiben schneiden, Eigelb und Milch verquirlen und die Zopfscheiben in die Mischung eintauchen. Den Boden der Form mit den Scheiben auslegen, mit einer Schicht Apfelscheiben bedecken und mit Nüssen und Sultaninen bestreuen. Diese Schichtung wiederholen, bis die Form gefüllt ist. Mit Butterstückchen belegte Hefezopfscheiben bilden den Abschluss. Mit warmer Milch übergießen und im vorgeheizten Backofen bei 180 °C 45 Minuten goldgelb backen.

Das Eiweiß mit Salz und 50 g Zucker steif schlagen. Gleichmäßig auf den Scheiterhaufen streichen und Mandelblätter darüber streuen. Nochmals für 10 Minuten in den Backofen stellen. Mit Apfelkompott servieren.

2010 „Durbacher Kochberg" Scheurebe Spätlese, Heinrich Männle, Durbach

Rinderschulter in Kräuter-Barbera-Sauce

Nadia und Giovanni Santini

Rezept für 8 Personen

500 g rote Tropea-Zwiebeln
2 Selleriestangen
2 Karotten
200 g Butter
100 g Lardo (fetter Speck),
    dünn geschnitten
1 kg Rindfleisch aus der oberen Schulter
4 Salbeiblätter
Rosmarin
1 Prise Muskatnuss
1 Prise Zimt
einige Gewürznelken
Salz, Pfeffer
2 l Rotwein (Barbera)

Zwiebeln, Sellerie und Karotten klein schneiden. Mit Butter und dem geschnittenen Lardo in einen hohen Kupfer- oder Aluminiumbrattopf geben. Mindestens 10 Minuten langsam anbraten. Wenn das Gemüse gut angedünstet ist, das Fleischstück hinzufügen. Dieses nun so lange anbraten, bis sich eine gleichmäßige Kruste gebildet hat.

Die Gewürze und Kräuter zugeben. Dann so viel Wein zugießen, dass das Fleisch reichlich mit Flüssigkeit bedeckt ist. Einen Deckel auf den Topf legen und das Fleisch bei niedriger Hitze 2 Stunden garen.

Danach mit einer Fleischgabel in das Bratenstück stechen, um zu kontrollieren, ob das Fleisch weich ist. Den Topf vom Herd nehmen. Die Bratensauce mit Hilfe einer Passiermühle oder eines Passierstabes passieren und anschließend durch ein feines Sieb streichen, so dass eine samtige und homogene Sauce entsteht. Das Fleisch schneiden, wenn es lauwarm ist, und in die Sauce legen. Den Braten zusammen mit Hülsenfrüchten und angebratener Polenta servieren.

2011 Ballade in Rot, Weingut Doreas, Remshalden

Blauer Hummer, rotes Curry-Gelee, Basmati-Schaum, Ananas-Chutney

Jörg Sackmann

Rezept für 4 Personen

Für die Bonito-Marinade:
200 ml Reisessig
1 EL Sojasauce
2 EL Bonito-Flocken
1 EL Seetang, geschnitten
2 EL Zucker, 1 TL Salz
2 Knoblauchzehen, in der Schale angedrückt
1 Thymianzweig, 1 Prise Koriander
weißer Pfeffer

Für den Basmatireis-Sud:
100 g Basmatireis, etwas Öl
100 ml Milch, 150 ml Wasser
500 ml Geflügelfond
40 ml Reisessig
40 ml Bonito-Marinade (Zutaten siehe oben)
30 g Zucker
60 ml bestes Olivenöl
1 Spritzer Zitronensaft, Tabasco, Salz
Ducca (Mischung von „Altes Gewürzamt")

Für das rote Curry-Gelee:
80 g gehackte Zwiebeln, etwas Olivenöl
100 ml Weißwein, 100 ml Teriyaki-Sauce
200 ml Hühnerbrühe
1 TL Tandoori-Masala (Gewürzmischung)
1 kleine Knoblauchzehe, gepresst
20 g Ingwer, fein gehackt
1 Msp. rote Currypaste
1 Stängel Zitronengras, gehackt
5 Zitronenblätter
2 g Koriandersamen
5 g frischer Koriander
100 ml Kokosmilch
Agar-Agar und Gelatine (je 100 ml Flüssigkeit
    1 Blatt Gelatine und 0,5 g Agar-Agar)

Für das Ananas-Chutney:
1 große Gemüsezwiebel
2 kleine Knoblauchzehen
1 große Ananas
1 TL Öl
1 TL Ingwer-Curry-Pulver

120 g Einmachzucker
1 Stängel Zitronengras
1 gehäufter TL Ingwermus (aus dem Glas)
2 Msp. gemahlener Kardamom
1 Zimtstange
1 kleine getrocknete Chilischote
100 ml weißer Balsamico
100 ml Kokosmilch
50 ml Wasser, Salz, Cayennepfeffer

Für den Hummer:

1 blauer Hummer (400–500 g), Wasser, Salz

Die Zutaten für die Bonito-Marinade in einem Topf mischen, aufkochen und 30 Minuten ziehen lassen. Die Marinade vor der weiteren Verwendung passieren.

Für den Basmatireis Sud etwas Öl in eine Sauteuse geben und den Basmatireis darin glasig anschwitzen. Milch und Wasser hinzugießen. Bei schwacher Hitze ziehen lassen. Nach etwa 10–15 Minuten Geflügelfond, Reisessig, 40 ml zubereitete Bonito-Marinade und 30 g Zucker zugeben. Alles kurz anmixen und 5 Minuten ohne Hitzezufuhr ziehen lassen. Danach sofort passieren. Vor dem Servieren noch 60 ml Olivenöl einmixen und mit Zitronensaft, Tabasco, Salz und Ducca abschmecken.

Für das rote Curry-Gelee in einem Topf die Zwiebelstückchen in Öl anschwitzen. Mit Weißwein und Teriyaki-Sauce ablöschen. Die Flüssigkeit einreduzieren, dann Hühnerbrühe auffüllen. Tandoori-Masala, Knoblauch, Ingwer, rote Currypaste, Zitronengras, Zitronenblätter und Koriander zugeben. Alles etwa 1 Stunde ziehen lassen, dann passieren. Die Kokosmilch zur Flüssigkeit gießen. Je nach Gewicht die passende Menge Agar-Agar und Gelatine einrühren und noch einmal kurz aufkochen. In eine passende Form füllen und im Kühlschrank gelieren lassen. Dann in 5 mm große Würfel schneiden.

Für das Ananas-Chutney die Gemüsezwiebel schälen und in feine Würfel schneiden. Die beiden Knoblauchzehen schälen. Die Ananas der Länge nach vierteln, den harten Strunk und die Schale entfernen und das Fruchtfleisch in kleine Würfel schneiden.

1 TL Öl in einem Topf bei mittlerer Hitze erhitzen. Die Zwiebelwürfel darin andünsten. Den Knoblauch pressen und mitdünsten. 1 TL Ingwer-Curry-Pulver hinzustreuen und unter Rühren kurz mitgaren. 120 g Einmachzucker dazugeben und unter Rühren erwärmen, bis der Zucker geschmolzen ist.

Vom Zitronengras die äußeren welken Blätter entfernen und den Stängel in etwa 4 cm lange Stücke schneiden. Zitronengras,

Ananasstücke, 1 TL Ingwermus, 2 Msp. Kardamom, 1 Zimtstange und 1 kleine Chilischote in den Topf geben. Alles unter Rühren weitere 5 Minuten garen.

Mit 100 ml Balsamico ablöschen und das Chutney unter gelegentlichem Rühren bei mittlerer Hitze 20 Minuten einkochen lassen. Nach 10 Minuten 100 ml Kokosmilch und 50 ml Wasser dazugeben. Falls nötig noch etwas Wasser angießen. Ganze Gewürze herausnehmen und das Ananas-Chutney mit Salz und Cayennepfeffer abschmecken.

Den Hummer in kochendes, leicht gesalzenes Wasser geben und 3–5 Minuten ziehen lassen, danach ausbrechen.

Etwas Ananas-Chutney in die Mitte eines Tellers geben, den Hummer darauf setzen, Basmatireis-Schaum seitlich angießen, ringsum mit den Geleewürfeln garnieren.

2010 „Durbacher Schloß Grohl" Sauvignon blanc Spätlese, Weingut Graf Wolff Metternich, Durbach

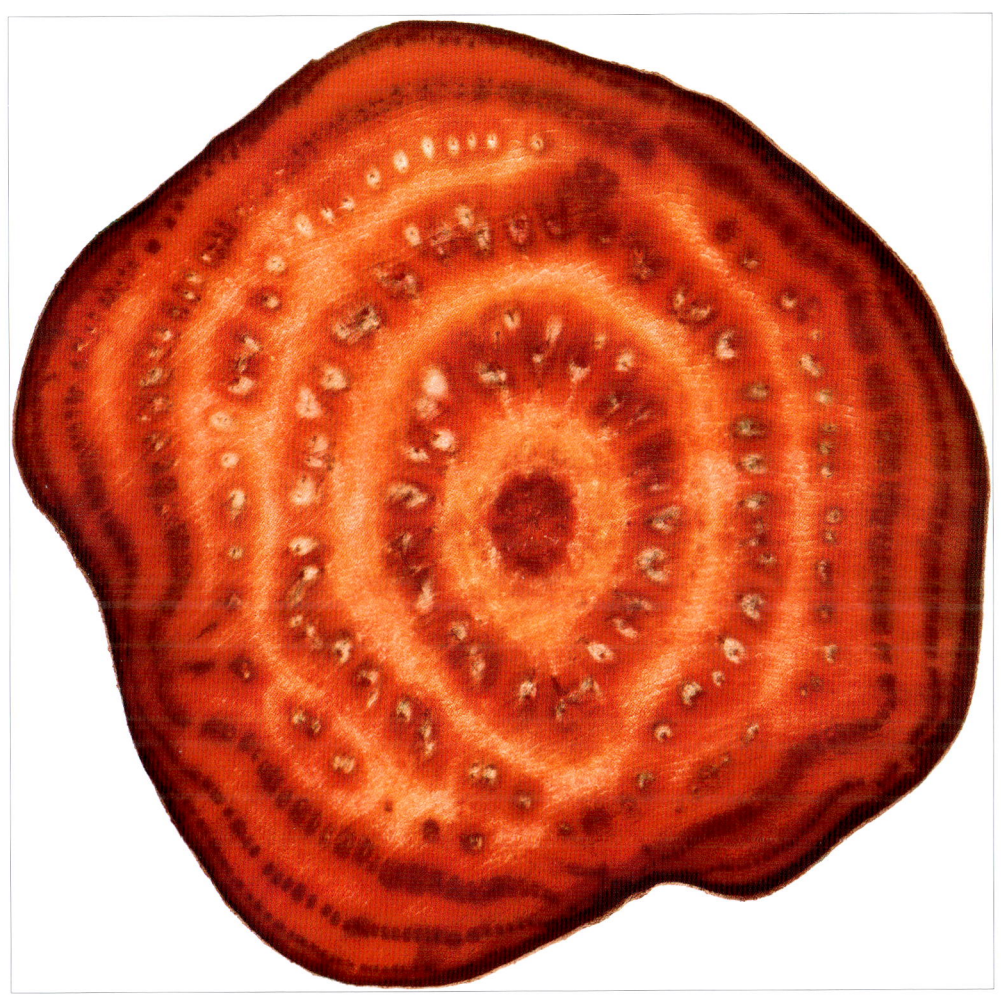

Rote Bete

Rote Bete mit Apfel, Meerrettich und Wacholder-Schaum

Günter Seeger

Rezept für 4 Personen

2 mittelgroße Rote Bete mit Blättern
10 frische Wacholderbeeren
250 ml Vollmilch
1 rosa Apfel der Sorte „Hidden Rose"
Fleur de Sel
weißer Pfeffer aus der Mühle
frische Meerrettichwurzel
fruchtiges Olivenöl

Die Blätter der Roten Bete entfernen. Die Rote Bete waschen, in Alufolie einwickeln und 45–50 Minuten im vorgeheizten Backofen bei 175 °C backen. Danach aus dem Ofen nehmen und 15 Minuten ruhen lassen. Die Folie und entfernen, die Roten Bete schälen und halbieren.

Die Wacholderbeeren zerdrücken und mit der Milch in einen Topf geben. Die Milch erhitzen, aber nicht kochen lassen. 10 Minuten ziehen lassen und dann durchsieben. Die Milch nun (z.B. mit einem Schneebesen oder Stabmixer) aufschäumen.

Zum Anrichten etwas Apfel in die Mitte der Teller raspeln. Jeweils eine halbe Rote Bete darauf setzen. Mit Salz und Pfeffer würzen. Etwas frisch geriebenen Meerrettich über die Rote Bete reiben und alles mit ein wenig Olivenöl beträufeln. Zum Schluss mit dem Wacholder-Schaum garnieren.

2009 Markgräfler Spätburgunder, Martin Waßmer, Bad Krozingen-Schlatt

90

Apfel-Meerrettich-Suppe
mit geräucherter Bachforelle

Hans Stefan Steinheuer

Rezept für 4 Personen

2 Bachforellen à 300 g
Salz, ½ Zitrone
50 g Räuchermehl
1 kleine Zwiebel
6 Äpfel der Sorte „Cox Orange"
70 g Butter
80 g Meerrettichwurzel
100 ml Weißwein
500 ml Brühe
400 ml Sahne
1 Lorbeerblatt
3 EL weißer Meerrettich (aus dem Glas)
1 cl Calvados
Cayennepfeffer
1 EL Crème fraîche

Die Forellen filieren, vierteln, salzen und mit Zitronensaft beträufeln. Im geschlossenen Topf auf einem Gitter über dem Räuchermehl um die 30 Minuten räuchern.

Die Zwiebel schälen und in Scheiben schneiden. 4 Äpfel waschen, entkernen und achteln. Mit den Zwiebelscheiben kurz in 30 g Butter glasieren. 40 g Meerrettichwurzel schälen, klein schneiden und hinzugeben. Mit Weißwein, Brühe und Sahne auffüllen. Dann das Lorbeerblatt sowie 3 EL Meerrettich aus dem Glas hinzufügen. Die Suppe 15 Minuten kochen. Mit Calvados, Cayennepfeffer und Salz abschmecken. Nun Crème fraîche einrühren. Anschließend mit dem Mixstab pürieren und fein sieben.

Die beiden verbliebenen Äpfel schälen und achteln. Die Kerngehäuse entfernen und die Apfelstücke in 40 g Butter glasieren.

Das geräucherte Forellenfilet in die aufgeschäumte Suppe legen, glacierte Apfelscheiben dazugeben. Den Rest der Meerrettichwurzel frisch gerieben darüber streuen.

2011 Muskat-Trollinger rosé, Rainer Schnaitmann, Fellbach

Erdgemüse in Senfkörner-Marinade mit Bio-Stunden-Ei

Rolf Straubinger

Rezept für 4 Personen

Für 1 l Kartoffelfond:
350 g Kartoffeln
60 g Schalottenstreifen
½ Knoblauchzehe
25 ml Olivenöl
25 g Butter
Meersalz
Pfeffer aus der Mühle
½ Lorbeerblatt
1 Thymianzweig
1 l Geflügelbrühe

Für das Erdgemüse:
1 Bio-Karotte
1 Karotte der Sorte „Beta Sweet"
½ Kohlrabi
2 blaue Kartoffeln
1 Rote Bete
700 ml Geflügelbrühe
120 g Rosenkohlblätter

100 ml Kartoffelfond (Zutaten siehe links)
20 g Weißweinessig
20 g Distelöl
30 g gemischte Senfkörner, eingeweicht
10 g Pommerysenf
Schnittlauch oder Petersilie

Weitere Zutaten:
4 Bio-Eier
12 gebackene Frühlingsrollen-Teigblätter
*   mit verschiedenen Körnern*
Meersalzflocken, Pfefferkörner
Kerbel, Sakurakresse

Für den Kartoffelfond die Kartoffeln klein schneiden. Schalottenstreifen mit Knoblauch in Olivenöl und Butter ohne Farbe anschwitzen. Kartoffeln dazugeben, mit Meersalz und Pfeffer würzen, Lorbeer und Thymian hinzufügen und die Geflügelbrühe aufgießen. So lange köcheln lassen, bis die Kartoffeln weich sind. Danach kräftig durch ein Sieb drücken, damit eine leichte Bindung entsteht. Der Kartoffelfond ist eine gute Basis für viele Salatsaucen.

Die Eier bei 63 °C Wassertemperatur 1 Stunde in der Schale kochen.

Das Gemüse schälen. Karotten und Kohlrabi in Geflügelbrühe bissfest kochen, auskühlen lassen und in Scheiben schneiden. Die blauen Kartoffeln und die Rote Bete separat kochen, dann ebenfalls auskühlen lassen und in Scheiben schneiden.

Die Rosenkohlblätter knackig blanchieren und in Eiswasser abschrecken.

100 ml des zubereiteten Kartoffelfonds mit Essig, Öl, Senfkörnern und Pommerysenf verrühren, dann die Kräuter untermischen. Einen Teil dieser Marinade zu den lauwarmen Gemüsescheiben geben, den Rest für die Rosenkohlblätter verwenden.

Die marinierten Rosenkohlblätter in der Mitte der Teller anrichten. Die Eier schälen und auf dem Rosenkohl anrichten. Die Gemüsescheiben dazulegen, ebenso die knusprigen Teigblätter. Das Ei mit groben Meersalzflocken und Pfefferkörnern bestreuen. Mit Kerbel und Sakurakresse garnieren.

2009 Spätburgunder, Fritz Waßmer, Bad Krozingen-Schlatt

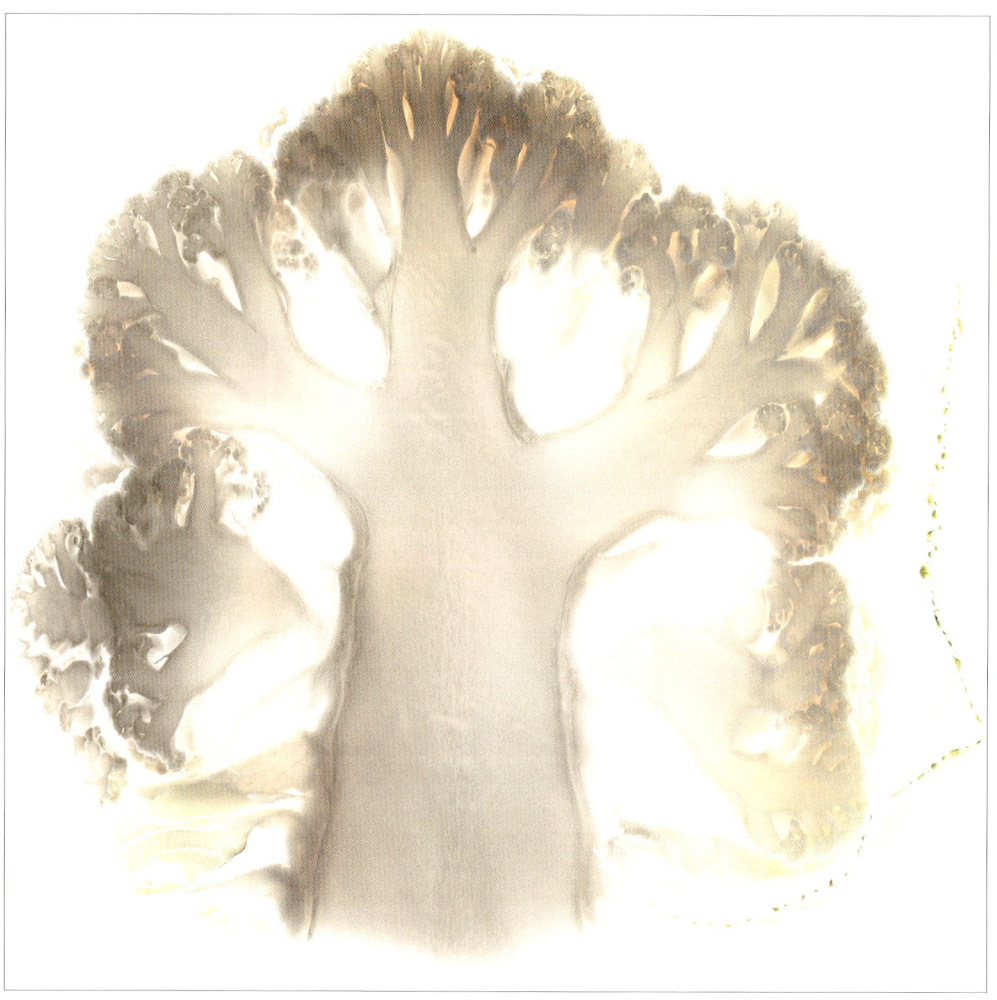

Blumenkohl

Gemüsesuppe mit Kabeljaufilet

Anibal Strubinger

Rezept für 1–2 Personen

200 g Kabeljaufilet (alternativ: 200 g Rinderfilet)
1 kleine rote Zwiebel
½ Karotte
100 g Weißkraut
150 g Lauch
½ rote Paprika
1 Tomate
2 EL Stangensellerie
2 Tassen Gemüsefond oder Wasser
2 Pfefferminzblätter
½ EL frischer Koriander, fein gehackt
1 Prise Chilipulver
1 Prise geriebene Muskatnuss
Salz, Pfeffer

Die Zwiebel schälen, das andere Gemüse waschen und putzen. Jeweils in kleine Würfel schneiden und diese in einem Topf mit dem Gemüsefond oder Wasser etwa 3 Minuten köcheln. Danach die Kräuter und Gewürze hinzufügen und ziehen lassen.

Das Kabeljaufilet in die Suppe legen und etwa 5 Minuten dämpfen – je nach Dicke des Filets. Ebenso können auch dünne Rinderfiletscheiben zugegeben und gedämpft werden.

In einem warmen Suppenteller servieren.

Dies ist eine wohlschmeckende Fastensuppe, die ohne Kabeljau (bzw. Rinderfilet) völlig fettfrei ist.

2011 „Jedentag", Fritz Keller, Vogtsburg-Oberbergen am Kaiserstuhl

Gedämpfte Auberginen mit Sesam-Kefir-Espuma

Roland Trettl

Rezept für 4 Personen

Für die Sesam-Kefir-Espuma:
3½ Blatt weiße Gelatine
360 g Kefir
5 g Meersalz
30 g weiße Sesampaste (Tahin)
1 Msp. Ras el Hanout
6 g weißer Balsamico
6 g mittelscharfer Senf

Für die Auberginen:
2 mittelgroße Auberginen
Meersalz, etwas natives Olivenöl

Für das Couscous:
500 ml Wasser
1 Thymianzweig
150 g Couscous
20 g Rosinen
Meersalz
Piment d'Espelette

etwas Ras el Hanout
etwas frisch gepresster Zitronensaft
1 EL natives Olivenöl

Weitere Zutaten:
16 große grüne Oliven mit Stein
4 Bambusspieße
1 EL weiße Sesamsaat
1 EL schwarze Sesamsaat
einige Korianderkresse-Blättchen
einige Rucolakresse-Blättchen

Für die Sesam-Kefir-Espuma die Blattgelatine 5 Minuten in kaltem Wasser einweichen. Alle weiteren Zutaten für die Espuma in einer Schüssel miteinander verrühren. Die Gelatine ausdrücken und in einem kleinen Topf bei milder Hitze auflösen. 2 EL Kefirmasse einrühren und die Gelatine dann sofort der ganzen Masse untermischen. In eine Espuma-Flasche füllen. Diese mit 2 Kapseln bestücken und mindestens 4 Stunden kühl stellen.

Die Auberginen schälen und 1 Stunde in kaltes Salzwasser legen. Die Auberginen dann aus dem Wasser nehmen und in einen Bambusdämpfer geben. Den Dämpfer mit einem Bambusdeckel verschließen und auf einen Topf mit sprudelnd kochendem Wasser setzen – so dass der Dämpfer das Wasser nicht berührt. Die Auberginen etwa 15–20 Minuten weich dämpfen. Herausnehmen und in Streifen schneiden. Diese in einer Schüssel mit Meersalz und Olivenöl marinieren. Lauwarm anrichten.

Für das Couscous Wasser in einem Topf aufkochen. Den Thymianzweig hineinlegen und die Hitze reduzieren. Das Couscous und die Rosinen in einen weiteren Topf geben und so viel vom heißen Wasser zugießen, dass alles gerade bedeckt ist. Leicht salzen und bei milder Hitze quellen lassen. Wenn das Couscous das Wasser aufgenommen hat, mit einer Gabel auflockern und immer wieder

heißes Wasser nachgießen. Das weich gegarte Couscous mit Meersalz, Piment d'Espelette, Ras el Hanout, Zitronensaft und Olivenöl abschmecken.

Jeweils eine Olive auf die Bambusspieße stecken. Das Fruchtfleisch der verbleibenden 12 Oliven in Stifte schneiden. In 4 Gläser jeweils zunächst einige Auberginenstreifen mit Marinierfond geben. Die Olivenstifte darauf verteilen. Mit weißer und schwarzer Sesamsaat und einigen Blättchen Koriander- und Rucolakresse bestreuen. Couscous einfüllen und mit Sesam-Kefir-Espuma bedecken. Die restlichen Auberginenstreifen sowie weiter Kresseblättchen darauf legen. Je einen Olivenspieß quer über den Glasrand legen.

2011 Riesling „Gutswein", Jochen Beurer, Kernen im Remstal

Carpaccio vom Thunfisch mit gebratener Jakobsmuschel

Bernd Werner

Rezept für 4 Personen

2 Orangen
1 Kopf Friséesalat
2 Schalen Shiso-Kresse
3 EL Olivenöl
Saft von 1 Limone
1 Prise Zucker
320 g roher Thunfisch in Sushi-Qualität
   (beim Fischhändler vorbestellen)
4 ausgelöste Jakobsmuscheln ohne Rogen
   (vom Fischhändler)
8 Kerbelzweige
Salz, Pfeffer aus der Mühle

Die Orangen schälen. Dann gleichmäßige Orangenfilets aus den Zellkammern schneiden, so dass für jeden Teller 4 Filets entstehen. Den Friséesalat putzen und nur den inneren, gelben Teil des Salatkopfes verwenden. In kaltem Wasser waschen und auf einem Sieb abtropfen lassen.

Die oberen Blätter der Shiso-Kresse abschneiden und kurz in kaltem Wasser waschen.

Olivenöl und Limonensaft vermischen. Mit Zucker, Salz und Pfeffer abschmecken. Die Teller mit einem Teil dieser Marinade bepinseln. Den Thunfisch in dünne, gleich-mäßige Scheiben schneiden und auf den Tellern auslegen. Salzen und mit Marinade beträufeln.

Die Jakobsmuscheln salzen und pfeffern. In Olivenöl von beiden Seiten kurz anbraten, so dass sie innen noch glasig sind.

Den Rand des Thunfisch-Carpaccios mit den Orangenfilets, Friséesalat und Shiso-Kresse schön belegen. Die Jakobsmuschel in die Mitte des Tellers setzen und mit Kerbel garnieren.

2011 Spätburgunder rosé **, Schloß Eberstein

Frühlingssalat

Heinz Winkler

Rezept für 4 Personen

200 g Sojabohnen
1 EL Öl
Salz
250 g kleiner Blattspinat
50 g Löwenzahnsalat
1 Bund Schnittlauch
2 Bund Radieschen
80 g Tofu, geschnitten
6 EL Wasser
Saft von ½ Limone
1 TL Senf
1 TL Sojasauce
4 Pellkartoffeln

Die Sojabohnen am Vortag einweichen. Das Wasser abschütten und die Bohnen mit Öl in Salzwasser weich kochen. Dies dauert im Schnellkochtopf etwa 30 Minuten. Dann durch ein Sieb gießen.

Den Spinat von den Stielen befreien, waschen und trockenschleudern. Den Löwenzahn in Streifen schneiden, den Schnittlauch fein hacken. Die Radieschen waschen, putzen und in dünne Scheiben schneiden.

Tofu mit 6 EL Wasser, Zitronensaft, Senf und Sojasauce in einen Mixer geben und zu Tofumayonnaise fein mixen.

Die Sojabohnen in einer Schüssel mit der Mayonnaise vermischen. Dann Spinat, Löwenzahn, Radieschen und Schnittlauch dazugeben und locker untermischen. Rasch servieren. Dazu pro Person eine Pellkartoffel reichen.

2011 Hölder, edition k, Fellbacher Weingärtner, Fellbach

Fastenbiersuppe mit Zwiebeln, Kartoffeln und Spitzkraut

Eckart Witzigmann

Rezept für 4 Personen

2 milde, weiße französische Süßzwiebeln
(350 g, geschält) oder 2 milde, weiße
mittelgroße Zwiebeln (350 g, geschält)
1 Knoblauchzehe (7 g)
50 g Tafelbutter
15 g brauner Zucker oder Würfelzucker
500 ml dunkles Fastenbier bzw.
Fastenbock vom Hofbräuhaus Traunstein
500 ml kräftige Rindssuppe
1 mehlig kochende Kartoffel (200 g)
100 g Spitzkraut ohne Strunk
1 EL Schweinefett oder Keimöl
1 Prise Zucker
1 Msp. Kümmel, gehackt
3 Eigelb
150 ml flüssige Sahne
etwas geriebene Muskatnuss
1 EL frischer Liebstöckel, gehackt
Salz, Pfeffer aus der Mühle
geröstetes Bauernbrot oder krosse Wammerl

Die geschälten Zwiebeln halbieren und in feine Streifen schneiden. Die Knoblauchzehen abziehen, halbieren und den Keim entfernen. Den Knoblauch dann in feine Streifen schneiden.

30 g Butter aufschäumen lassen, braunen Zucker oder Würfelzucker einstreuen und karamellisieren. Knoblauch und Zwiebeln zugeben und langsam goldgelb anschwitzen. Mit Fastenbier und der heißen Rindssuppe aufgießen. Salzen und pfeffern. Etwa 15 Minuten köcheln lassen.

In der Zwischenzeit für die Einlage die Kartoffel schälen und waschen. Kartoffel und Spitzkraut in 5 mm große Würfel schneiden. Die Kartoffelwürfel in die Suppe geben.

Den Spitzkohl 5 Minuten in Salzwasser blanchieren, kalt abschrecken und dann in Schweinefett oder Keimöl mit Zucker,

Kümmel, Salz und Pfeffer hellbraun anrösten.
Zur Suppe hinzufügen und diese langsam
weiterkochen lassen.

Für die Legierung Eigelb, Sahne, Muskat,
Salz und Pfeffer mit dem Schneebesen
verquirlen. Etwas – nicht mehr kochende –
Suppe hinzugeben. Die Suppe vom Herd
nehmen und die Eigelb-Sahne-Legierung in
die Suppe rühren. Nicht mehr kochen lassen!
Liebstöckel und zum Schluss 20 g Butter
untermischen.

Wer möchte, kann noch geröstetes Bauernbrot
oder krosse Wammerl (geräuchert und
gekocht) in Würfeln in die Suppe geben.

*2011 Rivaner * trocken, Weinmanufaktur Untertürkheim*

Emmentaler

Branzino mit Frühlingszwiebeln in gelbem Paprikasaft

Jörg Wörther

Rezept für 4 Personen

2 gelbe Paprika
500 ml Wasser oder Fischfond
2 EL Olivenöl
Dill
10 Lauchzwiebeln
1 rote Paprika
400 g Branzinofilet ohne Haut (Wolfsbarsch)
Koriander aus der Mühle
Cayennepfeffer
Safranfäden
½ Zitrone
Meersalz, schwarzer Pfeffer aus der Mühle

Die gelben Paprika waschen, halbieren, entkernen und in grobe Stücke schneiden. In einem Topf mit Wasser (oder Fischfond) und Olivenöl sowie Dill und wenig Salz zugedeckt weich kochen. Dann den Deckel abnehmen und die Flüssigkeit einreduzieren lassen. Mit einem Stabmixer fein pürieren und durch ein Sieb seihen. Die geputzten Lauchzwiebeln ohne Grün in den Paprikafond legen. Im geschlossenen Topf 10 Minuten bei niedriger Temperatur köcheln lassen. Das Lauchzwiebel-Grün zur Seite stellen.

Die rote Paprika waschen, halbieren, entkernen und schälen. Danach klein würfeln.

Die Branzinofilets in schöne Stücke schneiden. Mit Koriander, Cayennepfeffer, schwarzem Pfeffer und Meersalz würzen. Mit dem Lauchzwiebel-Grün zu den gegarten Zwiebeln in den Paprikafond legen. Zugedeckt köcheln lassen, bis der Fisch glasig wird. Für eine intensivere Färbung der Sauce Safranfäden zugeben, zuletzt gezupften Dill und nach Geschmack etwas Zitronensaft.

2011 Sauvignon blanc „3 Trauben", Drautz-Able, Heilbronn

Salat von mediterranem Gemüse mit Oliven-Vinaigrette

Harald Wohlfahrt

Rezept für 4 Personen

Für das Gemüse:

4 Mini-Artischocken
8 Mini-Fenchel
4 rote Mini-Paprika
4 gelbe Mini-Paprika
8 Shiitake-Pilze
4 Mini-Zucchini
4 Mini-Auberginen
ca. 150 ml Olivenöl
1 Rosmarinzweig
1 Thymianzweig
1 Lorbeerblatt
1 Knoblauchzehe
200 g Cherry-Strauchtomaten
1 junge Knoblauchknolle
Salz, schwarzer Pfeffer aus der Mühle

Für die Oliven-Vinaigrette:

50 ml Balsamico
50 ml Traubenkernöl
50 ml Walnussöl
50 g schwarzes Olivenpüree
    (Tapenade aus dem Glas)
Salz, schwarzer Pfeffer aus der Mühle
1 EL angeröstete Pinienkerne

Weitere Zutaten:

100 g Parmesan, mit einem Trüffelhobel
    dünn gehobelt
4 Basilikumblätter, frittiert und gesalzen

Das Gemüse waschen. Die Spitzen der Artischocken abschneiden und die Stiele auf 1½ cm kürzen. Die Artischocken vierteln und das Heu entfernen. Beim Fenchel das äußere Kraut und die Spitzen entfernen. Die Paprikaschoten oben und unten abschneiden, entkernen und vierteln.

Die Stiele der Shiitake-Pilze wegschneiden und die Pilze mit einem Tuch putzen. Die Zucchini der Länge nach auffächern, so dass sie an der Blütenseite zusammenhalten. Auberginen der Länge nach halbieren.

3 EL Olivenöl in einer Grillpfanne mit dem Rosmarin, Thymian, Lorbeer und abgezogener Knoblauchzehe erhitzen. Das vorbereitete Gemüse und die Pilze nacheinander einzeln ganz kurz (jeweils 15 Sekunden) darin garen. Die Paprika auf der Hautseite grillen und die Haut nach dem Grillen abziehen. Alles mit Salz und Pfeffer würzen.

Die Cherry-Strauchtomaten nach Belieben an der Rispe lassen. In die heiße Grillpfanne legen und 10 Minuten in den auf 180 °C vorgeheizten Backofen schieben, bis die Tomatenhaut beginnt aufzuspringen.

Die äußere Haut der Knoblauchknolle entfernen. 100 ml Olivenöl erhitzen, die Knolle zugeben und mit Rosmarin, Thymian und Lorbeer in etwa 10 Minuten weich schmoren. Dann die einzelnen Zehen aus der äußeren Schale drücken. Das gegrillte Gemüse und den Knoblauch mit Öl übergießen und mindestens 24 Stunden einlegen.

Danach das Gemüse aus dem Öl nehmen und im vorgeheizten Backofen bei 150 °C leicht erwärmen. Gemüse, Pilze und Knoblauch dekorativ anrichten. Alle Zutaten für die Vinaigrette miteinander verrühren und darüber verteilen. Mit Parmesanspänen und frittierten Basilikumblättern garnieren.

2010 Riesling „Großes Gewächs", Ernst Dautel, Bönnigheim

Schnecken – eine ganz besondere Fastenspeise

Von Eckart Witzigmann

Schnecken eroberten die deutsche Küche einst als Fastenspeise. Mitte des letzten Jahrhunderts galten Weinbergschnecken – mit Kräuterbutter im Pfännchen serviert – als Ausdruck feiner Lebensart. Heute stehen Schneckengerichte vor allem in Weinregionen auf den Speisekarten. Und dies nicht nur in der Fastenzeit.

Schon die alten Römer betrieben professionelle Escargot-Farmen zur Freude antiker Feinschmecker. Zu verdanken haben wir die Verbreitung dieser außergewöhnlichen Köstlichkeit aber letztlich dem Erfindungsreichtum christlicher Mönche. Vor Hunderten von Jahren entdeckten die Kirchenmänner während der Fastenzeit nicht nur das Starkbier als Brotersatz, sondern auch die Schnecke als Fleischalternative. Frei nach dem Motto: „Lieber einen Schneck als gar keinen Speck."

Besonders populär sind die Kriechtiere bis heute bei den griechisch-orthodoxen Mönchen auf Kreta. Nirgendwo sonst habe ich so viele und unterschiedliche Schneckenrezepte gefunden wie auf der hellenischen Sonneninsel: „Frittier-

te Zucchiniblüten mit Schnecken und Bulgur", „Schnecken mit Artischocken und frischen dicken Bohnen", „Schnecken mit Weizenschrot und Tomaten", „Geschmorte Schnecken in Rotwein", „Schneckenragout mit Fenchel" oder „Nudeltäschchen mit Schnecken und Spinat gefüllt".

Was bei Schneckengerichten nicht so viel Vergnügen macht, ist die Zubereitung von lebenden Tieren. Es ist eine sehr arbeitsintensive und langwierige Prozedur, die ich während meiner Zeit als Jungkoch bei Paul Bocuse kennen gelernt habe. Einer seiner Klassiker damals war ein Cassoulet von Schnecken und hieß „Escargots à la Bourguignonne". Das ging wirklich nur im Schneckentempo.

Daher mein Tipp an alle Köchinnen und Köche am heimischen Herd: Greifen Sie in diesem Fall – ausnahmsweise! – zur Dose. Schließlich sollen nicht Sie, sondern die Schnecken aus dem Häuschen geraten.

Schneckensüppchen

Eckart Witzigmann

Rezept für 4 Personen

60 g Lauch, fein gehackt
60 g Karotten, fein gehackt
2 EL Butter
200 ml Schneckensud (aus der Dose)
350 ml Weißwein
350 ml Sahne
4 Eigelb
4–5 EL Dijonsenfcreme
Salz, Pfeffer aus der Mühle
100 g Schnecken (aus der Dose)
2 EL Weißbrot-Croûtons
1 EL gezupfte Brunnenkresse

Lauch und Karotten in Butter anschwitzen. Mit Schneckensud, Wein und Sahne aufgießen. Etwa 10 Minuten köcheln lassen. Mit Eigelb und Senfcreme binden. Mit Salz und Pfeffer abschmecken. Schnecken hinzufügen und 3 Minuten ziehen lassen.

In vorgewärmten Tassen mit Croûtons und Brunnenkresse garniert servieren.

2009 Pinot Noir „Alsenhof", Jacob Duijn, Bühl bei Baden-Baden

Schneckensalat nach Art meines Freundes Henry Levy

Eckart Witzigmann

Rezept für 4 Personen

Für den Schneckensalat:

*32–36 Schnecken (Petits gris – aus der
   Dose oder frisch)*
100 ml trockener Weißwein
1 Thymianzweig
1 Basilikumzweig
1 Lorbeerblatt
2 cl Marc de Bourgogne
200 g feine grüne Prinzessbohnen
150 g kleine, feste Steinpilze
4 cl Olivenöl
6 Knoblauchzehen
Salz, weißer Pfeffer aus der Mühle
*4 EL Schnittlauch in 2 cm lange Stücke
   geschnitten*

Für die Sauce Vinaigrette:

5 EL Olivenöl
1 EL Zitronensaft
1 EL Estragon-Essig
1 TL Senf mit grünem Pfeffer
2 EL eingekochter Schneckensud
Salz, Pfeffer aus der Mühle

Weitere Zutaten:

*8 Scheiben französisches Weißbrot
   (ca. 5 mm dick)*
1–2 EL Olivenöl
1 Knoblauchzehe

Die Schnecken in Weißwein mit Thymian, Basilikum und Lorbeer aufkochen. Nach 10 Minuten alles durch ein Sieb gießen. Den Schneckensud nehmen und bis zur Hälfte einkochen lassen. Marc de Bourgogne sowie die gekochten Schnecken dazugeben und die Schnecken ca. 6 Stunden marinieren.

Die geputzten feinen Bohnen in kochendem Salzwasser so lange garen, dass sie am Ende noch knackig sind. Die Bohnen anschließend in einer Schüssel mit Eiswasser abschrecken, herausnehmen und zur Seite stellen.

Die Weißbrotscheiben mit ganz wenig Olivenöl beträufeln und im Backofen knusprig rösten. Noch warm mit Knoblauch einreiben.

Die Steinpilze gründlich reinigen, wenn möglich nicht waschen. In 5 mm dicke Scheiben schneiden. Olivenöl in einer Sauteuse erhitzen, die ungeschälten, angestochenen

Knoblauchzehen sowie die Steinpilzscheiben hinzugeben. Beides hellbraun braten. Dann die Knoblauchzehen entfernen und die Steinpilze auf einem Sieb abtropfen lassen. Mit Salz und Pfeffer bestreuen.

Für die Sauce Vinaigrette alle angegebenen Zutaten vermischen.

Zum Anrichten die grünen Bohnen auf vier Teller geben und mit wenig Sauce Vinaigrette begießen. Die Steinpilze darüber verteilen und in die Mitte die Schnecken setzen. Alles mit Sauce Vinaigrette beträufeln und mit Pfeffer und Schnittlauch bestreuen. Das warme, knusprig geröstete Knoblauchweißbrot dazureichen.

2009 „Vitus" Spätburgunder trocken, Joachim Heger, Ihringen am Kaiserstuhl

Schneckenragout in Dijoner Senfsauce

Eckart Witzigmann

Rezept für 4 Personen

Für das Schneckenragout:

48 kleine Schnecken
10 g Karotten
10 g englischer Sellerie
10 g Lauch
1 Schalotte
1 Knoblauchzehe
60 g Pfifferlinge
1 EL Estragon
1 EL Basilikum
1 EL Petersilie
1 Tomate
1 EL Olivenöl
4 cl Schneckensud
4 cl Riesling
4 cl Noilly Prat
4 cl Sahne
30 g Butter
1 EL Dijonsenf
Salz, Pfeffer aus der Mühle

Weitere Zutaten:

4 Scheiben französisches Weißbrot
(3 mm dick)
1 EL Olivenöl
1 Knoblauchzehe

Karotten, Sellerie und Lauch putzen, waschen und in feine Würfel schneiden. Schalotte und Knoblauch schälen und ebenfalls würfeln. Die Pfifferlinge putzen und grob hacken, die Kräuter waschen und fein schneiden. Die Tomate überbrühen, enthäuten, entkernen und klein schneiden.

Für die Garnitur die Weißbrotscheiben mit Olivenöl beträufeln und im heißen Backofen hellbraun rösten. Mit einer geschälten, halbierten Knoblauchzehe einreiben.

In einer Kupferpfanne 1 EL bestes Olivenöl erhitzen. Schalotten- und Knoblauchwürfel darin anschwitzen, ohne dass sie Farbe annehmen. Dann die Schnecken, das Gemüse und die Tomatenwürfel hinzufügen und alles langsam anrösten. Anschließend mit Schneckensud, Wein und Noilly Prat auffüllen, einkochen lassen. Die Sahne angießen, diese darf jedoch nicht kochen.

Zum Schluss die Butter, den Senf und die vorbereiteten Kräuter einrühren. Mit Salz und viel Pfeffer aus der Mühle abschmecken.

Dieses Schneckenragout in vorgewärmte feuerfeste Pfännchen füllen und mit den Weißbrotscheiben belegt kurz im Ofen gratinieren. Dann sofort und sehr heiß servieren.

2010 „Essenziell Rot", Friedrich Zimmerle, Korb im Remstal

Genuss und Gesundheit sind kein Widerspruch

Von Dr. med. Wolfram Pfeiffer

Seien wir ehrlich: Wenn wir fasten, steht für viele heute der Aspekt der Gesundheit im Vordergrund und insbesondere das Ziel, Körperpfunde zu verlieren. Während die religiöse Motivation eher verblasst, wird Fasten quasi als eine von vielen möglichen Diätvarianten betrachtet, die eine schnelle Gewichtsreduktion verspricht. Zudem werden von verschiedenen Fastenschulen zahlreiche positive Zusatzeffekte wie die „Entschlackung" versprochen.

Doch was davon ist wirklich bewiesen? Stimmen die Verheißungen der Fastenprediger? Oder schadet sich der Fastende am Ende sogar?

Es lohnt ein Blick zurück in die Geschichte des Menschen. Auf der Evolutionsuhr waren wir die meiste Zeit Jäger und Sammler, erst „5 Minuten vor 12" sind wir durch die Erfindung des Ackerbaus sesshaft geworden. Dieser fundamentale Wandel in der Evolution des Menschen hat tiefgreifende Folgen. Denn während der Jahrmillionen, in denen wir auf der Suche nach Nahrung umherzogen, wurde unser Erbgut so programmiert, dass es uns überlebensfähig machte für den stetigen Wechsel von Zeiten eines ausreichenden, manchmal überschießenden Nahrungsangebots und Zeiten von Nahrungsmangel und langer Hungerphasen. Unsere Gene haben sich hervorragend an diesen Wechsel angepasst: Wenn es reichlich zu essen gibt, scheidet der Körper die überschüssigen Kalorien nicht einfach wieder aus, sondern lagert sie ein für magere Zeiten; unser Körper ist sozusagen genetisch getrimmt auf Energiespeicherung für kommende Hungerperioden.

Für diese Hungerperioden legt unser Körper aber nicht nur vorbeugend Energiereserven an; zusätzlich sind wir Nachfahren des Steinzeitmenschen genetisch so disponiert, dass unser Stoffwechsel schon nach wenigen Tagen des Hungerns brutal heruntergefahren wird – Wissenschaftler sprechen von Sparsamkeitsgenen, die sich in der Evolution für den sinnvollen Zweck herausgebildet haben, unser Überleben zu sichern. Der Grundumsatz an Kalorien fällt dann von täglich etwa 1700 bis 2000 auf 1000 bis 1200. So sorgt unser evolutionäres Erbe dafür, dass wir wochenlang ohne Nahrung auskommen können. Bei diesem auf „Sparflamme" gestellten Stoffwechsel ist es nur noch schwer möglich, sein Gewicht zu reduzieren.

Schauen wir noch etwas genauer hin: In den ersten zwei, drei Tagen des Fastens, wenn man die ungeliebten Pfunde noch relativ schnell verliert, holt sich der Körper die Energie zunächst aus den leicht zugänglichen Reserven, das sind die Zucker- oder Glykogendepots in den Muskeln und in der Leber. Aber diese Reserven sind sehr begrenzt, das wissen zum Beispiel Marathonläufer, bei denen diese Depots schon nach ein bis zwei Stunden aufgebraucht sind. Danach gewinnt der Körper seine Energie überwiegend durch die Verbrennung der Fettsäuren aus den Fettdepots. Das Gehirn, das etwa 20 Prozent unseres Energiebedarfs beansprucht – unter anderem für die zentrale Steuerung des Hungerstoffwechsels – braucht aber weiterhin Glukose. Unser Körper hat nun die wunderbare Eigenschaft, diese Glukose selbst bilden zu können aus den Eiweißstoffen in den Muskeln – man nennt diesen Vorgang Gluconeogenese.

Dieser evolutionäre Mechanismus springt nach etwa drei, vier Tagen an. Fastende merken das häufig daran, dass ihr anfängliches High-Sein umschlägt in ein Gefühl der Schwäche bis hin zu Depressionen, und an diesem Punkt hören dann ja auch viele mit dem Fasten auf. Das ist auch durchaus vernünftig, denn der Abbau von Muskulatur, also von Eiweiß, ist medizinisch nicht erwünscht. Unser Körper schützt sein Eiweiß als hohes Gut – nicht ohne Grund zielen die meisten Diäten darauf, weniger Fett und/oder weniger Kohlenhydrate zu essen, aber fast nie darauf, weniger Eiweiß zu sich zu nehmen.

Es gibt noch einen zweiten Grund, warum längeres drastisches Fasten aus medizinischer Sicht nicht empfehlenswert ist – und das ist der bekannte Jojo-Effekt. Für die Steinzeitmenschen war dieser Effekt sinnvoll: Nach längerem Nahrungsentzug präparierte sich der Körper durch schnelle Fetteinlagerung für die kommende Mangelphase. Für uns moderne Menschen aber, die wir täglich von einem überreichen, hochkalorischen Lebensmittelangebot mit der dazugehörigen Werbung umgeben sind, führt

113

der Jojo-Effekt häufig dazu, dass wir bald nach dem Ende der Fastenzeit noch mehr Kilos mit uns herumtragen als zuvor. Hier gilt dann der Satz: Diät macht dick!

Und noch eine Anmerkung aus medizinisch-wissenschaftlicher Sicht: Durch keine einzige wissenschaftliche Studie konnte bisher der Nachweis für „Schlacken" im menschlichen Körper erbracht werden. Dieser Mythos hält sich hartnäckig, vermutlich auch deshalb, weil er sich so hervorragend vermarkten lässt. Als wäre der Körper des Menschen eine Sondermülldeponie, muss er angeblich regelmäßig „entgiftet", „entsäuert", „entschlackt" werden. Aber „Schlacken" gibt es nur im Bergbau! Im gesunden Körper scheiden die Organe ganz von selbst jene Stoffe aus, die der Organismus nicht brauchen kann: Die Lunge atmet verbrauchte Luft aus, die Nieren filtern unser Blut, und der Darm bearbeitet unsere Nahrung stundenlang und auf mehreren Metern Länge, um das Verwertbare vom Unnützen zu trennen und dieses dann auszuscheiden. Ein Kollege von mir hat über das angeblich gesunde „Entschlacken" einmal richti-

gerweise bemerkt: „Die einzige Substanz, die einem Patienten dabei entzogen wird, ist meist sein Geld." Im Gegenteil konnten mehrere Studien sogar zeigen, dass beim totalen Fasten durch die schnelle Fettreduktion höhere Konzentrationen an toxischen Stoffen aus den Fettzellen in den Körper freigesetzt werden.

Fasten, das ja nichts anderes ist als ein abrupter Nahrungsentzug, ist also aus medizinischer Sicht gar nicht so harmlos, wie es vielen vielleicht erscheint. Und wenn man es über einen längeren Zeitraum radikal praktiziert, kann es sogar gefährlich werden. Die Nieren sind bei strengem Fasten stärker belastet, es können sich Nierensteine bilden; Kreislauf- und Herzrhythmusstörungen können die Folge sein, ebenso Gichtanfälle und Unterzuckerungen. Totales Fasten ist deshalb nicht ratsam.

Fasst man allerdings die Bedeutung des Fastens etwas weiter, kann es auch aus Sicht des Mediziners sinnvoll sein: Fasten nicht als radikaler, tage- und wochenlanger Nahrungsentzug, um Gewicht zu verlieren, sondern als eine

Übung des Sich-Bewusst-Werdens, als ein Weg zum generellen Maßhalten. Wenn wir uns bewusster ernähren, das reichhaltige Angebot an hochwertigen Lebensmitteln ausschöpfen, das es heute glücklicherweise gibt, und dabei erfahren, dass auch etwas geringere Mengen großen Genuss bereiten können, dann ist das zwar kein Fasten im strengen Sinn, aber ein sinnvolles, gesundheitsförderndes Maßhalten, das sich dann auch in maßvolleren Körpermaßen niederschlägt. Fasten im Sinne einer bewussten, mäßig kalorienreduzierten, bedarfsgerechten und vor allem qualitativ hochwertigen Ernährung ist sogar ganzjährig sinnvoll. Auch die Grundsätze der Slow-Food-Bewegung, wie zum Beispiel regionale und saisonale Produkte zu verwenden, passen hierzu sehr gut.

Genuss und Gesundheit sind kein Widerspruch, davon bin ich zutiefst überzeugt. Das zeigen auch die Fastengerichte der Spitzenköche in diesem Buch: Sie machen es uns leicht, uns ganzjährig sinnvoll zu ernähren und dabei dennoch zu genießen – und das ohne bitter hungernd zu fasten.

Caviar

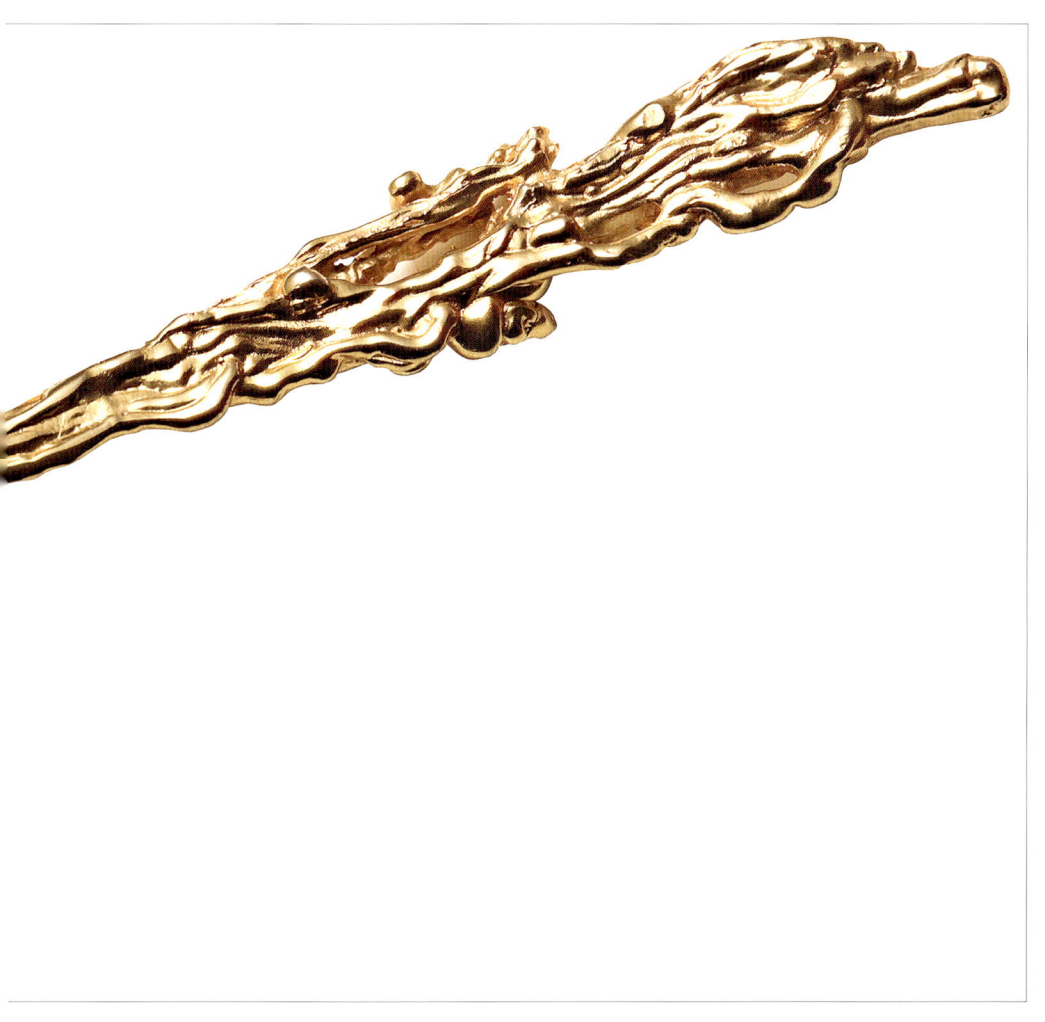

Ferran Adrià

Barcelona

Ferran Adrià hat die Welt der Küche
revolutioniert und mit seinem legendären
Restaurant „elBulli" ein „Forschungszentrum
der Kochkunst" geschaffen. Er gilt als einer
der einflussreichsten, genialsten, verrücktesten
und originellsten Köche der Gegenwart.
Er ist ausgezeichnet mit dem Internationalen
Eckart Witzigmann-Preis 2005.
www.elbulli.com, www.hampp-texturas.de

Andoni Luis Aduriz

Restaurant „Mugaritz",
Errenteria bei San Sebastián

Andoni Luis Aduriz gilt als einer der besten
Köche der Avantgarde und besitzt inter-
national großen Einfluss. In beeindruckender
Weise macht er sich die Errungenschaften der
modernen Technik für seine Küche zunutze.
Berühmt ist er für seinen sensiblen Umgang
vor allem mit Kräutern und Gemüse.
www.mugaritz.com

Elena Arzak

Restaurant „Arzak", San Sebastián

Die begnadete Köchin schaute nicht nur ihrem Vater Juan Mari, sondern auch Ferran Adrià über die Schultern. Für die mit drei Michelin-Sternen Ausgezeichnete, war auch der Internationale Eckart Witzigmann-Preis 2010 eine große Anerkennung.
www.arzak.es

Hans Jörg Bachmeier

Restaurant „Blauer Bock", München

„Einfach, aber das Beste", lautet sein Grundsatz. Das Streben nach Einfachheit spiegelt sich in der Speisekarte wider: nur zwei Seiten. Aber welch ein Inhalt! Die Küche von Hans Jörg Bachmeier ist ebenso Kult wie die Einrichtung seines Lokals direkt am Viktualienmarkt.
www.restaurant-blauerbock.de

Boris Benecke

Schlosshotel „Friedrichsruhe", Zweiflingen

Unter gleich mehreren glücklichen Sternen
stand der Weg von Boris Benecke: Er lernte
und arbeitete unter anderem bei Heinz Winkler,
Harald Wohlfahrt und Dieter Müller. In der
Genießerregion Hohenlohe setzt der gebürtige
Flensburger seit 2009 die besternte Tradition
mit großem Erfolg fort.
www.schlosshotel-friedrichsruhe.de

Daniel Boulud

Restaurant „Daniel", New York City

Seit über 30 Jahren zelebriert Daniel Boulud in
New York eine Grande Cuisine mit saisonalen
Akzenten. Herausragende Erfolge feiert der in
Lyon geborene Kochkünstler zudem mit seinen
zehn über den Globus verteilten Restaurants.
2011 wurde er mit dem Internationalen Eckart
Witzigmann-Preis ausgezeichnet.
www.danielnyc.com

Bobby Bräuer

Club-Restaurant der „BMW Welt" in München

Berlin trauerte, als Bobby Bräuer 2008 nach
vier Jahren die Hauptstadt verließ. Kurz
zuvor war er zum „Berliner Meisterkoch 2007"
ernannt worden. Lange durften die Gäste des
Gourmet-Restaurants „Petit Tirolia" in Kitzbühel
die große Kunst des Küchenchefs genießen.
Ab Herbst 2012 wirkt er im Club-Restaurant
der „BMW Welt" in München.

Markus Dirr

„Metzgerei & Wursterei Peter Dirr",
Endingen am Kaiserstuhl

1995 übernahm der Metzger und Koch
Markus Dirr nach Wanderjahren in der
Schweiz, Italien und den USA sowie einer
Station bei Eckart Witzigmann in München die
elterliche Metzgerei – ein ganz großer Gewinn
nicht nur für die Region: Dirrs Schinken sind
sensationell.
www.metzgerei-dirr.de

Karl Ederer

Restaurant „Ederer", München

„Wenige Köche können täglich ein neues Gericht erfinden, aber es ist eine Heraus-forderung, traditionelle Gerichte modern zu interpretieren." Karl Ederer, erster deutscher Sternekoch, der 1993 ein Bio-Restaurant eröffnete, wird diesem Ziel gerecht: seit 2001 im Münchner „Ederer".
www.restaurant-ederer.de

Martin Fauster

Hotel „Königshof", München

Die „ehrlichen Gerichte" der steirischen Heimat haben den Metzgersohn geprägt – und sein Lehrmeister Hans Haas im Münchner „Tantris". Heute ist Martin Fauster nach Stationen in Wien und in der Schweiz Chef de Cuisine im Fünf-Sterne-Hotel „Königshof" in München.
www.geisel-privathotels.de

Karl-Josef Fuchs

Romantik-Hotel „Spielweg", Münstertal

Seit fünf Generationen führt Familie Fuchs das Hotel „Spielweg" in Münstertal und verwöhnt die Gäste mit badisch-regionaler Küche. Bei Franz Keller lernte Karl-Josef Fuchs, ließ sich in Hamburg den Wind um die Nase wehen und kehrte wieder an den heimischen Herd zurück. *www.spielweg.com*

Cesare Giaccone

Albaretto della Torre im Piemont

„Bei ihm zu essen, ist eine euphorische Erfahrung", sagt Thomas Keller, Amerikas Koch Nummer 1, über Cesare Giaccone. Der Träger des Internationalen Eckart Witzigmann-Preises, der über den Weinbergen des Barolo wirkt, ist Vorbild für viele Köche der Welt. *www.ristorantedacesare.it*

Hans Haas

Restaurant „Tantris", München

Seit 20 Jahren ist Hans Haas Chef de cuisine
im „Tantris" – einer wahren Talentschmiede
für Spitzenköche. Künstler ist Hans Haas nicht
nur in der Küche, sondern auch als Maler
und Bildhauer. Dies wurde 2011 auch mit
dem Internationalen Eckart Witzigmann-Preis
gewürdigt.
www.tantris.de

Marc Haeberlin

„Auberge de l'Ill", Illhaeusern im Elsass

Der Sohn der Kochlegende Paul Haeberlin
begann nach der Lehre eine Reise durch die
großen Küchen Frankreichs. Marc Haeberlin,
mit dem Internationalen Eckart Witzigmann-
Preis gewürdigt, wirkt am Herd der mit drei
Sternen ausgezeichneten „Auberge de l'Ill".
www.auberge-de-l-ill.com

Herbert Hintner

Restaurant „Zur Rose", St. Michael Eppan in Südtirol

Der Südtiroler Herbert Hintner verbindet in seinem Restaurant, einem Haus aus dem 12. Jahrhundert, gemeinsam mit seiner Frau Margot in herausragender Weise die traditionelle Küche des Ortes mit der Kreativität der Zeit. Er selbst isst am liebsten Kalbskopf.
www.zur-rose.com

Michael Hoffmann

Restaurant „Margaux", Berlin

Er sucht die Produkte, mit denen er kocht, bei den Erzeugern selbst aus, und er verwendet Gemüse und Kräuter, die er im eigenen Garten anbaut. Der Koch und Gärtner Michael Hoffmann, ein Schüler von Eckart Witzigmann, führt das „Margaux" mit großer Leidenschaft.
www.margaux-berlin.de

Michael Kempf

Restaurant „Facil", Berlin

Als Küchenchef im „Facil" errang Michael
Kempf im Alter von 26 Jahren den ersten
Michelin-Stern. Der Sigmaringer, der bei Dieter
Müller arbeitete, ist nun in Berlin und sagt
von sich: „Ich kann am richtigen Ort mit dem
richtigen Team meine Träume verwirklichen."
www.facil-berlin.de

Alfred Klink

„Colombi Hotel", Freiburg im Breisgau

St. Moritz, Locarno und Zürich sind nur einige
der attraktiven Stationen Alfred Klinks auf
dem Weg zum Sternekoch. Seit 30 Jahren ist
der gebürtige Calwer Küchenchef im Hotel
„Colombi" in Freiburg, wo er seither jedes Jahr
mit einem Michelin-Stern ausgezeichnet wird.
www.colombi.de

Vincent Klink

Restaurant „Wielandshöhe", Stuttgart

Vincent Klink residiert auf der „Wielandshöhe"
hoch über Stuttgart und wurde ausgezeichnet
mit dem Internationalen Eckart Witzigmann-
Preis. Er verbindet einzigartig die Kunst des
Kochens mit der Kunst des Schreibens, des
Musizierens und der Fernseh-Unterhaltung.
www.wielandshoehe.de

Ralph Knebel

Hotel-Restaurant „Erbprinz", Ettlingen

Der „Erbprinz" in Ettlingen ist eine kulinarische
Institution, von Bernhard Zepf mit großer
Leidenschaft geführt. Ralph Knebel muss sich
seine Kochkunst und das Regiment in der
Küche nur mit seiner Frau Jasmina teilen: Sie
ist für die Desserts zuständig.
www.erbprinz.de

Otto Koch

„Restaurant 181" im Olympiaturm, München

Über 20 Jahre war Otto Koch Küchenchef im „Le Gourmet" in München. Bereits 1976 holte er den ersten Michelin-Stern, doch als Patron des Restaurants im Olympiaturm ist der Starkoch mit seinen Gästen jetzt 181 Meter über München den wirklichen Sternen so nah wie nie zuvor.
www.restaurant181.com

Andreas Krolik

„Tiger-Gourmetrestaurant", Frankfurt am Main

Als Andreas Krolik 2005 vom „Feinschmecker" als „Aufsteiger des Jahres" ausgezeichnet wurde, war der Spitzenkoch schon ganz oben angekommen: in „Brenner's Park-Hotel", dessen Restaurant er als Küchenchef dank exzellenter Kochkunst schon bald erfolgreich „besternte". Ab Sommer 2012 kocht er im Restaurant des Varieté-Theaters „Tigerpalast".
www.tigerpalast.com

Karl-Emil Kuntz

Restaurant „Zur Krone", Herxheim-Hayna

Bis ins 18. Jahrhundert lässt sich die Ahnenreihe der Gastwirt-Familie Kuntz in Herxheim-Hayna zurückverfolgen. Gemeinsam mit seiner großen Familie pflegt der Konditor und Sternekoch Karl-Emil Kuntz das Hotel „Krone" als Juwel pfälzischer Gastlichkeit.
www.hotelkrone.de

Claus-Peter Lumpp

Hotel „Bareiss", Baiersbronn-Mitteltal

Claus-Peter Lumpp lernte in Baiersbronn, dem Dorf der Sterne – und hierher kehrte er auch zurück. Seit 1992 Küchenchef im Hotel „Bareiss", hatte er zuvor im In- und Ausland sein Kochhandwerk zu allerhöchster Kunst perfektioniert. Claus-Peter Lumpp ist 2011 mit dem Internationalen Eckart Witzigmann-Preis ausgezeichnet worden.
www.bareiss.com

Thomas Martin

Hotel „Louis C. Jacob", Hamburg

Seit 1997 ist Thomas Martin Küchenchef im Restaurant „Louis C. Jacob". Für den Sternekoch steht bei der Zubereitung seiner leichten, klassischen Küche mit französischem Akzent die Liebe zum regionalen Produkt im Vordergrund. Sein Motto: „Respekt vor dem Handwerk."
www.hotel-jacob.de

Dieter Müller

Restaurant „Dieter Müller", MS EUROPA

Schon in Bergisch-Gladbach zählte Dieter Müller zu den besten Köchen der Erde. Jetzt hat er den festen Boden gegen die hohe See eingetauscht. Der mit dem Internationalen Eckart Witzigmann-Preis Ausgezeichnete verbringt 70 Tage im Jahr in seinem Restaurant auf der MS Europa.
www.dietermueller.de

130

Tohru Nakamura

München

Die so wichtige Lebensphilosophie der Japaner, beim Essen sehr großen Wert auf die Qualität der Produkte zu legen, hat der in München geborene Jungkoch ganz offensichtlich verinnerlicht. 2011 wurde er mit dem Internationalen Eckart Witzigmann-Preis ausgezeichnet.

Michael Philipp

Restaurant „Philipp", Sommerhausen bei Würzburg

Als „Einzelkämpfer am Herd" wurde Michael Philipp 2009 zum „Koch des Jahres" in Bayern gekürt. Nach wie vor bekocht er seine Gäste im Winzerstädtchen Sommerhausen im Alleingang   in einer Perfektion, die von so manchen Küchenbrigaden nicht annähernd erreicht wird.
www.restaurant-philipp.de

Anne-Sophie Pic

„Maison Pic", Valence-Drôme

Nach dem Tod ihres Vaters übernahm
Anne-Sophie Pic das Restaurant der Familie
in Valence. Als erste Frau und in der dritten
Generation in Folge bekam sie drei Michelin-
Sterne. Madame Pic ist zudem mit dem
Internationalen Eckart Witzigmann-Preis
ausgezeichnet.
www.pic-valence.fr

Markus Polinski

Hotel „Lamm", Remshalden-Hebsack

Nach fünf Wanderjahren, die ihn bis nach
Australien führten, kehrte Markus Polinski
1992 zurück in seine schwäbische Heimat.
Mit großer Hingabe widmet er sich als
Küchenchef und Patron einer leichten,
mediterranen Küche mit regionaler Boden-
haftung.
www.lamm-hebsack.de

Olaf Pruckner

„Altes Amtshaus", Mulfingen-Ailringen

Fischbach, Meersburg und Frankfurt sind nur einige Stationen des Berufswegs von Olaf Pruckner, dem in Travemünde geborenen Österreicher. Seit 1998 ist er Küchenchef des Hotel Restaurants „Altes Amtshaus", sogleich ausgezeichnet mit einem Michelin-Stern. *www.altesamtshaus.de*

Johann Rappenglück

Restaurant „Dukatz", München

Johann Rappenglück, obwohl erst 28 Jahre jung, stellt so manchen „alten Hasen" mit seiner Kochkunst in den Schatten. Er war – bei Heinz Winkler in Aschau – mit erst 25 Jahren jüngster Küchenchef eines 3-Sterne-Restaurants in Deutschland. Ein Erfolg, der bis heute einzigartig ist. *www.dukatz.de*

René Redzepi

Restaurant „Noma", Kopenhagen

René Redzepi ist Küchenchef und Mitbesitzer des Restaurants „Noma" in Kopenhagen, das mehrfach als „Bestes Restaurant der Welt" ausgezeichnet wurde. Er arbeitete zusammen mit Thomas Keller in Kalifornien und mit Ferran Adrià in Spanien und ist Mitbegründer des Nordische-Küche-Symposiums.
www.noma.dk

Hubert Retzbach

Hotel „Victoria", Bad Mergentheim

Hubert Retzbach, seit 30 Jahren überaus erfolgreicher Küchenchef im Bad Mergentheimer Hotel „Victoria", ist bekennender Pionier einer regional verwurzelten Genießerküche. Seine große Kochkunst basiert auf besten heimischen Produkten von ausgesuchten Bauern.
www.victoria-hotel.de

Luis Rottensteiner

„Patscheider Hof", Signat in Südtirol

Luis Rottensteiner hat die Südtiroler Bauern-
küche auf höchstes Niveau gehoben: Ein Mahl
in der uralten Stube im „Patscheider Hof", in
den Weinbergen auf 980 Metern, mit Blick
auf den Rosengarten der Dolomiten, ist ein
grandioses Erlebnis – dem Paradies ganz nah.
www.patscheiderhof.com

Nadia Santini

Ristorante „Dal Pescatore", Canneto sull'Olgio
in der Lombardei

Die Küche von Nadia Santini ist legendär.
Das von Antonio und Nadia Santini geführte
Landhaus nahe Mantua ist ein Hort der
Tradition auf höchstmöglichem Niveau und
eine Pilgerstätte für Feinschmecker aus der
ganzen Welt. Nadia Santini ist 2011 mit dem
Internationalen Eckart Witzigmann-Preis
ausgezeichnet worden.
www.dalpescatore.com

135

Jörg Sackmann

Restaurant „Schlossberg" im
Hotel „Sackmann", Baiersbronn

Bevor Jörg Sackmann 1993 im elterlichen
Hotel im sternenreichen Baiersbronn sein
Restaurant „Schlossberg" eröffnete, holte
er sich den letzten Schliff beim Nachbarn
Harald Wohlfahrt und bei Eckart Witzigmann
in München.
www.hotel-sackmann.de

Günter Seeger

New York

Mit der Entwicklung und Umsetzung des
Gastronomiekonzeptes der Ritz-Carlton-
Gruppe hat Günter Seeger in Partnerschaft
mit seinem Freund Jean-Louis Palladin in
Atlanta den Grundstein gelegt für ein neues
Produkt-Qualitäts-Bewusstsein in den USA:
Sein Meisterstück und Lebenswerk!

Hans Stefan Steinheuer

Hotel-Restaurant „Zur Alten Post",
Bad Neuenahr-Ahrweiler

Nach Lehrjahren in Ettlingen und in Wertheim
eröffnete Hans Stefan Steinheuer 1985
gemeinsam mit seiner Frau im elterlichen
Betrieb das Restaurant „Zur Alten Post". Er
ist ohne Zweifel einer der weltbesten Köche.
www.steinheuers.de

Rolf Straubinger

Restaurant „Burg Staufeneck", Salach

Seine berufliche Laufbahn führte den in
Göttingen geborenen Rolf Straubinger zu
herausragenden Stationen im In- und Ausland.
Ausgestattet mit umfangreichen kulinarischen
Erfahrungen kam er vor über 20 Jahren als
Küchenchef zurück in die Heimat, in den
elterlichen Betrieb auf der Burg Staufeneck.
Mit seiner Sterne-Küche ist er dort überaus
erfolgreich.
www.burg-staufeneck.de

Anibal Strubinger

Restaurant „Schwarzer Adler", Vogtsburg-Oberbergen

Anibal Strubinger ist in Venezuela aufgewachsen, wurde von seiner Mutter aber mit Essen nach badischen Rezepten verwöhnt. Jetzt ist er Küchenchef im vielfach ausgezeichneten Restaurant „Schwarzer Adler" in Südbaden. Er liebt es, selbst Obst und Gemüse anzubauen und in der Küche zur Freude seiner Gäste einzusetzen.

www.franz-keller.de

Roland Trettl

Restaurant „Ikarus", Salzburg

Den in Bozen geborenen Roland Trettl zog es früh in die weite Welt der Spitzengastronomie. Seit 2003 wirkt er als Executive Chef im Restaurant „Ikarus" im „Hangar-7". Er arbeitet dort äußerst erfolgreich mit internationalen Spitzenköchen. Der Starkoch wurde auch mit dem Internationalen Eckart Witzigmann-Preis ausgezeichnet.

www.hangar-7.com

Bernd Werner

Restaurant & Hotel „Schloss Eberstein",
Gernsbach

Nach Stationen bei Paul Haeberlin und
Eckart Witzigmann übernahm Bernd Werner
2005 die Leitung der traumhaft gelegenen
Schlossküche. Der „besternte" Küchenchef
bietet seinen Gästen kulinarische Köstlich-
keiten. Berühmt sind seine Kochkurse auf
dem Schloss.
www.schlosseberstein.com

Heinz Winkler

„Residenz Heinz Winkler", Aschau

Heinz Winkler, in Südtirol geboren, hat nicht
nur selbst eine internationale Ausbildung
genossen, er war auch unermüdlich an
Kochschulen in aller Welt tätig. So hat er zum
weltweit hervorragenden Ruf der deutschen
Kochkunst beigetragen. Er wurde 2011 mit
dem Internationalen Eckart Witzigmann-Preis
ausgezeichnet.
www.residenz-heinz-winkler.de

Jörg Wörther

„Jörg Wörther Primetaste OG", Elsbethen
bei Salzburg

Er war Koch des Jahrzehnts, wurde mit der
Trophée Gourmet für sein Lebenswerk
ausgezeichnet – doch Jörg Wörther ist
stets auf der Suche nach neuen Heraus-
forderungen: jetzt mit seiner Fingerfood-
Gastronomie und seiner Firma „Primetaste"
für gastronomische Projekte.
www.joerg-woerther.com

Harald Wohlfahrt

„Schwarzwaldstube" im Hotel
„Traube Tonbach", Baiersbronn

Harald Wohlfahrt kann in Partnerschaft mit
Heiner Finkbeiner seit über 20 Jahren seine
höchsten Qualitätsansprüche realisieren.
Er erhält dafür stets die Höchstbewertung in
allen Restaurantführern und ist mit dem
Internationalen Eckart Witzigmann-Preis
ausgezeichnet.
www.traube-tonbach.de

Otto Geisel

München

Der Weinexperte war der erste bei Gerichten in Deutschland zugelassene vereidigte Sachverständige für die Bewertung von Weinen. Mit seinem Institut für Lebensmittelkultur engagiert sich Otto Geisel leidenschaftlich für die Natürlichkeit und Nachhaltigkeit im Bereich der Lebensmittel und der Gemeinschaftsverpflegung.
www.ottogeisel.de

Anselm Bilgri

München

Anselm Bilgri ist einer der bekanntesten Theologen und Vordenker in Deutschland. Als Prior machte er Kloster Andechs zur weltweit bekannten Marke. Der ehemalige Benediktiner ist überaus erfolgreicher Ratgeber, Dozent, Buchautor und Referent auf Kongressen.
www.anselm-bilgri.de

Thomas Knubben

Ravensburg und Ludwigsburg

Nach Studium und langjähriger Tätigkeit im Kulturmanagement ist Thomas Knubben seit 2003 Professor für Kulturwissenschaft und Kulturmanagement. Seine Veröffentlichungen schlagen die Brücke zwischen Kulturgeschichte, Kulturmanagement und Kunst – wie zuletzt in seinem Buch „Hölderlin. Eine Winterreise". *www.hoelderlin.eu*

Wolfram Pfeiffer

Karlsruhe

Dr. Wolfram Pfeiffer ist Präventivmediziner und leitet als Internist und Sportmediziner den Bereich Check-up bei PRAEVENEO in Karlsruhe. Er weiß: Gesundheitsmanagement ist eine wichtige Richtungsentscheidung. Für jeden Einzelnen und für jedes Unternehmen. *www.praeveneo.de*

Johann Willsberger

Hergiswil, Schweiz

Johann Willsberger ist eine Legende in der
Welt der Koch-Kunst und ausgezeichnet mit
dem Internationalen Eckart Witzigmann-Preis
2011. Mit seinen fotografischen Arbeiten
und seinem höchst gelobten Magazin
„Gourmet" hat der Wahl-Schweizer eine
ganze kulinarische Epoche dokumentiert –
und dabei allerhöchste Maßstäbe gesetzt.
www.willsberger.com

Eckart Witzigmann

München

Eckart Witzigmann begann 1974 die
Revolution der Küche in Deutschland
einzuleiten. Seine „Aubergine" in München
erhielt als erstes Restaurant außerhalb
Frankreichs drei Michelin-Sterne. Vom
Gault Millau ist er als „Koch des Jahrhunderts"
geehrt worden.
www.eckart-witzigmann.de

Fast nichts

Impressum

Eckart Witzigmann „Das Spiegelei"
Die Lieblingsrezepte von
Spitzenköchenmit Bildern
von Dieter Krieg und einer
Weinauslese von Otto Geisel
ISBN 978-3-936682-84-7

Informationen über weitere Bücher des Verlags und
der edition k – Kunst und Lebenskultur erhalten Sie unter
www.hamppverlag.de und www.rainerknubben.com

Herausgeber
Internationale Eckart Witzigmann-Preis
Gesellschaft

Konzeption
Rainer Knubben

Redaktion
Nicole Scherbel

Autoren
Anselm Bilgri, Otto Geisel, Thomas Knubben
und Wolfram Pfeiffer

Fotos
Rainer Kwiotek
außer Oscar Olivia (S.118 re), Fritz Frech
(S.119 re), Björn K. Iversen (S.129 li),
Marcel Brunnthaler (S.133 re), Ditte Isager
(S.134 li), Heide Hintereck (S.138 li),
Thomas Weiss (S.142 li), Emil Rothweiler
(S.142 re), privat (S.141 re, S.143 li),
Eva Kubinska (Buchrückseite u. S.143 re)

Für die Fotoarbeiten © Johann Willsberger

Herausgeber und Verlag danken
Johann Willsberger für die Freundlichkeit,
seine Fotoarbeiten in dieses Buch
aufnehmen zu dürfen.

Gestaltung
stilgruppe | Büro für visuelle Gestaltung

Repro
highlevel GmbH, Berlin

Druck und Weiterverarbeitung
Dr. Cantz'sche Druckerei, Ostfildern

ISBN
978-3-942561-15-0

Printed in Germany 2012

© edition k
Kunst und Kulinaristik Verlag GmbH,
Remshalden in Partnerschaft mit
Hampp Media GmbH, Stuttgart